saxum

UMA BIOGRAFIA DE ÁLVARO DEL PORTILLO

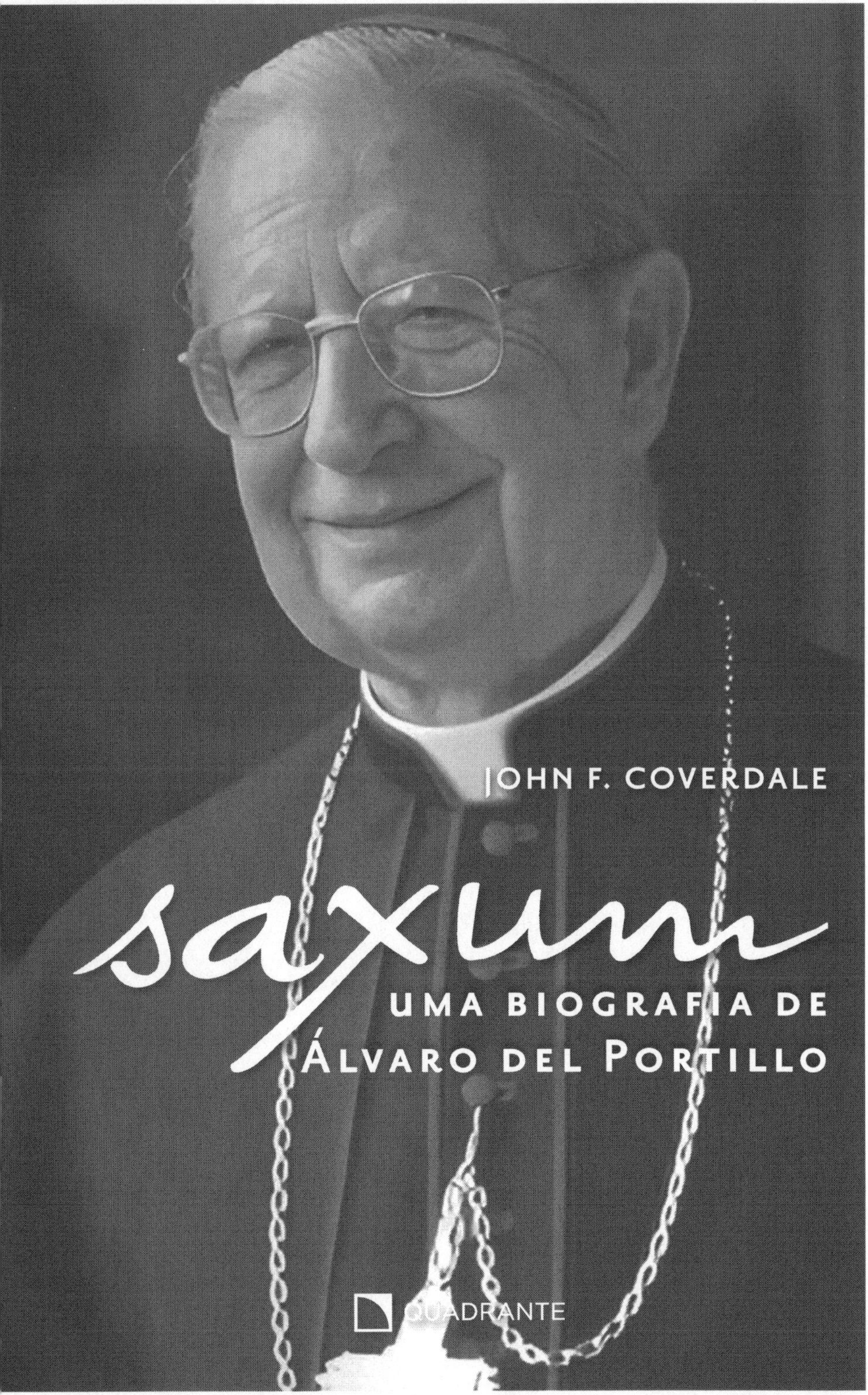
JOHN F. COVERDALE
saxum
UMA BIOGRAFIA DE
ÁLVARO DEL PORTILLO
QUADRANTE

Título original
Saxum – The Life of Alvaro del Portillo

Capa
Karine Santos

Dados Internacionais de Catalogação na Publicação (CIP)

Coverdale, John F.
Saxum: uma biografia de Álvaro del Portillo / John F. Coverdale – 2ª ed. – São Paulo: Quadrante Editora, 2025.

ISBN: 978-85-7465-776-9

1. Biografia e História Religiosa 2. História e biografia das ordens religiosas I. Título

CDD–092

Índices para catálogo sistemático:
1. Biografia e História Religiosa 092
2. História e biografias das ordens religiosas 282.092

QUADRANTE EDITORA
Rua Bernardo da Veiga, 47 - Tel.: 3873-2270
CEP 01252-020 - São Paulo - SP
www.quadrante.com.br / atendimento@quadrante.com.br

Sumário

À memória de Lynn Coverdale

Nota sobre as fontes

A mais importante fonte publicada de informação sobre a vida de D. Álvaro é a biografia de Javier Medina Bayo, *Álvaro del Portillo. Un Hombre Fiel* (Madri, Ediciones Rialp, 2013), uma obra de 800 páginas. De grande utilidade para esta obra foram igualmente: *Recuerdo de Álvaro del Portillo, Prelado del Opus Dei*, de Salvador Bernal (Madri, Ediciones Rialp, 1996; publicado em inglês sob o título *Alvaro del Portillo*, Nova Iorque, Scepter Publishers, 1999) e *Missão Cumprida: Biografia de Álvaro del Portillo*, de Hugo de Azevedo (Lisboa, Diel, 2008).

Quero agradecer ao prelado do Opus Dei, D. Javier Echevarría, o tempo que dedicou a responder às minhas perguntas, e ao padre Francesc Castells a ajuda que me deu durante o período da investigação que pude fazer nos arquivos da Prelazia do Opus Dei, onde me centrei na correspondência de D. Álvaro e nos testemunhos de pessoas que o conheceram.

María Eugenia Ossandón teve a amabilidade de me permitir usar o seu artigo intitulado «Los encuentros entre Mons. Álvaro del Portillo y Juan Pablo II» (a publicar em *Studia et Documenta*), com informações utilíssimas sobre as relações entre D. Álvaro e São João Paulo II.

Os leitores que pretenderem obter mais informações sobre algum dos aspectos mencionados neste livro poderão consultar o autor através do seguinte endereço: coverdale.john@gmail.com.

Introdução

Ao final da tarde do dia 23 de março de 1994, São João Paulo II chegava à sede do Opus Dei em Roma, onde estava a ser velado o corpo de D. Álvaro del Portillo, prelado do Opus Dei, que tinha morrido nesse dia de manhã cedo[1].

Ao chegar à igreja prelatícia de Nossa Senhora da Paz, onde o corpo estava a ser velado, João Paulo II ajoelhou-se a rezar durante dez minutos. Quando o Papa se levantou, o vigário-geral do Opus Dei convidou-o a dirigir um responso, a oração que se costuma rezar pelos mortos, mas o Sumo Pontífice preferiu rezar uma «Salve Rainha», seguida de três «Glória ao Pai» e da invocação: «Dai-lhe, Senhor, o eterno descanso». Quando o vigário-geral lhe agradeceu, em nome do Opus Dei, a sua presença, o Santo Padre respondeu em italiano: «*Si doveva, si doveva*» («Tinha de vir, tinha de vir»).

Porque foi que João Paulo II achou que tinha de ir velar o corpo de D. Álvaro del Portillo?

O principal motivo foi possivelmente a amizade; com efeito, D. Álvaro foi toda a vida um homem de amizades fortes, e o Papa contou-o durante muitos anos entre os seus amigos pessoais mais íntimos. Outro motivo terá sido a gratidão pelos muitos serviços que D. Álvaro prestou à Igreja no decurso de uma vida longa. São Josemaria Escrivá, o fundador do Opus Dei, dizia muitas vezes que a única ambição da Obra era «servir a Igreja como a Igreja quer ser servida», e D. Álvaro del Portillo aprendera bem essa

---

1 «Opus Dei» significa «Obra de Deus», razão pela qual o Opus Dei é muitas vezes designado por «a Obra».

lição: era um homem de grandes capacidades e muitos talentos pessoais, e pô-los todos inteiramente ao serviço da Igreja.

Finalmente, é possível que São João Paulo II também quisesse prestar o seu tributo a um homem santo. Ao longo da sua vida, D. Álvaro foi um exemplo — discreto mas impressionante — das grandes virtudes cristãs da fé, da esperança e da caridade, bem como das virtudes naturais que fazem de um homem e de uma mulher um ser humano de relevo: a fortaleza, a paciência, a humildade, a preocupação com os outros e o afeto. Mas a sua vida refletiu, acima de tudo, a virtude da fidelidade: fidelidade a Deus, fidelidade à sua vocação para o Opus Dei e fidelidade ao fundador da Obra, a quem apoiou incansavelmente desde que se conheceram, em 1935, até 1975, o ano da morte de São Josemaria Escrivá. E, durante os 20 anos que se seguiram, continuou a dar provas — então à frente do Opus Dei — de uma total fidelidade ao espírito do fundador, no qual via a vontade de Deus para si próprio.

A vida de Álvaro del Portillo é uma lição abrangente sobre a forma de transformar os acontecimentos da vida de todos os dias em ocasiões de aproximação, de si próprio e dos outros, de Deus. A sua mensagem é que a santidade e as virtudes cristãs, longe de serem tristes e sombrias, são fontes de alegria e felicidade. Ela demonstra a eficácia de uma entrega alegre e do esquecimento pessoal no serviço a Deus.

São Josemaria mandara esculpir, por cima da porta do gabinete de D. Álvaro, uma frase do Livro dos Provérbios: «*Vir fidelis multum laudabitur*» (O homem fiel receberá grandes louvores), porque a sua vida é capaz de levar outros a uma maior fidelidade à sua própria vocação pessoal. Assim, por muito que as circunstâncias da nossa vida sejam diferentes das circunstâncias da sua vida, o exemplo de fidelidade de D. Álvaro del Portillo, bem como das outras virtudes que exercitou, pode ser uma interpelação para todos nós.

CAPÍTULO 1

À procura do sentido da sua vida

Em certo dia de março de 1935, Álvaro del Portillo deu por si a conversar com outros estudantes universitários com quem frequentava as Conferências de São Vicente de Paulo sobre um jovem sacerdote que começava a tornar-se conhecido em Madri pelo seu trabalho com universitários: o padre Josemaria Escrivá. Manuel Pérez, que tinha levado Álvaro del Portillo para as Conferências de São Vicente de Paulo, ofereceu-se para lho apresentar e, dias mais tarde, levou-o à Residência DYA, situada na Rua de Ferraz, que era na altura o único centro do Opus Dei[1]. Álvaro ficou impressionado com a alegria daquele jovem sacerdote e com a memória que ele tinha de algumas coisas que uma tia sua lhe contara quatro anos antes — nomeadamente de que ele, Álvaro, gostava muito de bananas, apesar de, quando era criança, não ser capaz de pronunciar bem a palavra; acima de tudo, ficou sensibilizado por, sendo ele ainda um simples estudante, São Josemaria o levar a sério. No final desse primeiro encontro, que não durou mais do que uns

1 Há centros do Opus Dei de muitos tipos; de uma maneira geral, consistem numa residência para membros da Obra, com oratório, e levam a cabo uma ampla gama de atividades apostólicas. A Academia DYA era uma residência universitária instalada em vários apartamentos de um prédio da Rua de Ferraz, em Madri, onde alguns membros da Obra e outros estudantes universitários tinham alojamento e tomavam as refeições num ambiente familiar. A residência oferecia palestras de formação cristã, bem como recolhimentos, retiros e meditações, que eram pregadas no oratório; para além disto, disponibilizava aulas de Direito, Arquitetura e outras matérias.

minutos, combinaram encontrar-se cinco dias depois, mas São Josemaria não compareceu: «Deu-me um cano», diria Álvaro mais tarde. Soube depois que São Josemaria tinha recebido um pedido urgente para ir atender um moribundo, e não conseguiu avisá-lo porque não tinha o telefone dele.

Álvaro só voltaria a procurar São Josemaria três meses mais tarde, depois de terminarem as aulas. No sábado dia 6 de julho de 1935, a véspera do dia em que tinha pensado partir de Madri para passar as férias de verão na sua terra, foi à Residência DYA despedir-se dele e «conversaram durante bastante tempo sobre muitas coisas». Quando se preparava para se ir embora, São Josemaria convidou-o a assistir ao recolhimento que estava marcado para o dia seguinte. Álvaro decidiu então atrasar a sua partida para férias e ir ao referido recolhimento.

O Opus Dei

Não sabemos o que São Josemaria disse a Álvaro na conversa que tiveram a 6 de julho, mas é de supor que lhe tenha explicado o espírito do Opus Dei, a instituição que fundara sete anos antes. Na verdade, na visão fundacional que recebera a 2 de outubro de 1928, Deus comunicara-lhe uma mensagem sobre o chamamento universal à santidade e dera-lhe a missão de promover, no seio da Igreja, a instituição que viria a ser designada por Opus Dei. A mensagem e a instituição eram duas facetas de uma mesma realidade: o objetivo da instituição seria difundir a mensagem e ajudar as pessoas a vivê-la. A instituição seria constituída por pessoas que tivessem recebido uma vocação para incorporar a mensagem na sua vida e a difundir através da palavra e do exemplo.

O núcleo da mensagem era a percepção de que Cristo chama todos os cristãos — e não apenas alguns — a lutar pela santidade. São Josemaria percebeu, não como uma simples possibilidade teórica, mas como uma realidade prática, que todas as pessoas podem e devem aspirar a amar a Deus com todo o seu coração, com toda a sua alma e com toda a sua mente e a amar o próximo como a si mesmas. Por outras palavras, compreendeu que Deus chama todos os batizados à plenitude da caridade.

Ao mesmo tempo, São Josemaria percebeu claramente que, para a grande maioria dos católicos, a vocação para a santidade não implica serem sacerdotes, frades ou freiras, mas santificarem-se nas circunstâncias da sua vida cotidiana. Compreendeu que, tendo Cristo redimido e santificado toda a criação, chama a maioria das pessoas a viverem os grandes mandamentos do amor a Deus e do amor ao próximo no contexto do seu trabalho, da vida de família, do descanso e em todas as suas atividades. Todas as pessoas são chamadas à santidade, sejam quais forem as suas circunstâncias — e não o são apesar de viverem no meio do mundo, mas precisamente nas situações que resultam de viverem no meio do mundo e através dessas conjunturas específicas. Como o próprio São Josemaria escreveria em *Caminho*: «Tens obrigação de te santificar. — Tu também. — Quem disse que é tarefa exclusiva de sacerdotes e religiosos? A todos, sem exceção, disse o Senhor: "Sede perfeitos como o meu Pai celestial é perfeito"».

Esta visão fundacional também lhe permitiu perceber que a santidade não é um caminho individualista, que está intimamente ligada ao apostolado, ou seja, ao esforço de aproximar os outros de Cristo; e que todos os católicos são chamados a ajudar os outros a conhecer a Cristo, a amá-l'O e a incorporar a doutrina de Cristo na sua vida. Além disso, este esforço para ajudar amigos, parentes e colegas a viverem uma vida cristã mais profunda e mais autêntica não é independente do trabalho e das restantes componentes da vida diária; pelo contrário, é no trabalho, na vida de família e no descanso que o cristão é chamado a fazer apostolado, e é nesses contextos que encontra muitas vezes os meios para o fazer. Nas palavras de São Josemaria: «Para o cristão, o apostolado [...] não é algo que se acrescente [...] à sua atividade diária, à sua ocupação profissional. [...] Trata-se de santificar o trabalho vulgar, de se santificar nessas ocupações e de santificar os outros com o exercício da profissão, cada um no seu próprio estado.»

Na altura em que o Opus Dei foi fundado, havia muitos católicos que procuravam maneiras de tornar a sociedade mais cristã, colaborando nomeadamente na Ação Católica e noutros grupos empenhados na promoção de uma ação social e cívica inspirada em princípios cristãos. Mas a mensagem que São Josemaria recebeu não tinha, contudo, a finalidade de modificar as estruturas sociais, mas sim a de levar os católicos a empenharem-se seriamente na procura da santidade na sua vida cotidiana. Do seu ponto de vista, a transformação das estruturas sociais e o desenvolvimento de uma sociedade mais justa são consequências prováveis e desejáveis deste processo, mas o objetivo principal é a santificação dos indivíduos. Eis o que escreveu em *Caminho*: «Um segredo. — Um segredo em voz alta: estas crises mundiais são crises de santos. — Deus quer um punhado de homens "seus" em cada atividade humana. — Depois... *Pax Christi in regno Christi*, a paz de Cristo no reino de Cristo».

Para levar à prática a sua visão fundacional, São Josemaria precisava de um grupo de pessoas dentro da Igreja, a começar por ele próprio, que se dedicassem a integrar esta mensagem na sua vida e a ajudar os outros a fazer o mesmo. Enquanto parte da Igreja ao serviço da divulgação dessa mensagem — uma parte que viria a ser chamada Opus Dei —, essas pessoas teriam a função, por um lado, de difundir esta mensagem e, por outro, de ajudar as pessoas a pô-la em prática.

O que São Josemaria compreendeu naquele dia 2 de outubro de 1928 foi que o Opus Dei não seria uma simples associação à qual as pessoas dedicariam uma parte do seu tempo e das suas energias durante um certo período da sua vida, mas que pertencer ao Opus Dei implicava um compromisso pessoal de toda a vida, em correspondência com uma vocação divina específica. Nas suas palavras: «Dedicar-se a Deus no Opus Dei não consiste em decidir fazer certas coisas, nem em dedicar algum tempo a fazer boas obras, em vez de fazer outras coisas. O Opus Dei implica a vida toda». A vocação para o Opus Dei pressupõe «fazer o Opus Dei sendo tu próprio Opus Dei», de forma a poder dizer «a todas as almas, com o exemplo da tua vida e com a tua palavra, que existe um chamamento universal à perfeição cristã, e que é possível alcançá-la».

A graça fundacional destinava-se a pessoas de todos os tipos, tanto casadas como solteiras, e inicialmente São Josemaria procurou uma grande variedade de gente. Mas rapidamente se apercebeu de que, se queria lançar raízes em todos os setores da sociedade, o Opus Dei tinha de começar por constituir um núcleo de pessoas capazes de dedicar importantes parcelas do seu tempo às atividades apostólicas da Obra, e que tivessem a formação intelectual necessária para dar formação teológica e espiritual a outras. Passou pois a centrar as suas atenções em estudantes universitários e jovens licenciados, a quem apresentava o ideal de uma vida de celibato apostólico no meio do mundo. Foi este o desafio vocacional com que se confrontou Álvaro del Portillo.

É provável que, por essa altura, não tenha havido nenhuma referência à possibilidade de ele vir a ser sacerdote. Atualmente, o prelado da Obra pergunta a uma pequena percentagem dos membros celibatários do Opus Dei — em geral, alguns anos depois de terem pedido a admissão na Obra — se querem ordenar-se e continuar a viver a sua vocação de santificação do trabalho cotidiano enquanto sacerdotes do Opus Dei. Em 1935, porém, ainda não havia sacerdotes ordenados no Opus Dei. São Josemaria tinha sido ordenado na diocese de Saragoça, e não se sabe exatamente se terá comunicado a algum dos membros da Obra a sua convicção de que, no futuro, alguns dos seus membros fossem ordenados. É pois muito pouco provável que, quando pediu a admissão no Opus Dei, Álvaro del Portillo já pensasse em vir a ser padre.

Velho como o Evangelho e, tal como o Evangelho, novo

O ideal de procurar a santidade e fazer apostolado através do trabalho cotidiano, que São Josemaria apresentou a Álvaro del Portillo a 6 de julho de 1935, era, como o próprio fundador diria muitas vezes, «tão velho como o Evangelho». O próprio Cristo tinha convidado os seus discípulos a serem «perfeitos como é perfeito o vosso Pai celeste» (Mt 5, 48); São Paulo diria aos cristãos de Tessalônica: «Esta é, na verdade, a vontade de Deus: a vossa santificação» (1Ts 4, 3); e, pelo menos desde a *Introdução à Vida Devota*, escrita por São Francisco de Sales no começo do século XVII, a teologia católica reconheceu que, em teoria, os leigos podem ter uma vida espiritual intensa que os conduza à plenitude do amor de Deus e do amor ao próximo que é a santidade.

Mas esta mensagem era também, nas palavras de São Josemaria, «tal como o Evangelho, nova»; pois, embora poucos negassem que era teoricamente possível os leigos alcançarem a santidade, eram ainda poucos os que pensavam que a santidade no meio do mundo era um ideal alcançável. Em geral, quando um jovem tinha uma vida espiritual mais intensa ou o desejo de servir seriamente a Deus, considerava-se que essas disposições eram sinais inequívocos de vocação para o sacerdócio ou para a vida consagrada. Poucos sacerdotes encorajavam os leigos a procurar a santidade na sua vida de todos os dias; e esta atitude refletia a convicção prática de que o melhor a que os leigos podiam aspirar era ao cumprimento dos seus deveres espirituais básicos e das obrigações resultantes do seu estado de vida. A santidade no meio do mundo podia ser um tema interessante em termos de especulação teológica, mas raramente era pregado e ainda mais raramente procurado; de tal maneira que a maioria das pessoas que ouviram São Josemaria falar deste assunto em meados dos anos 30 do século passado pensaram que ele estava louco, ou até que era um herege.

Resposta ao chamamento de Deus

Mas Álvaro ficou totalmente fascinado com esta visão de uma vida colocada inteiramente ao serviço de Deus, procurando aproximar-se d'Ele e aproximar os outros d'Ele no contexto da vida comum, que no seu caso era a de um engenheiro civil. No dia do tal recolhimento, domingo, 7 de julho de 1935, um membro da Obra propôs-lhe que aderisse ao Opus Dei; e, embora tivesse tido muito pouco contato com a Obra, escreve o seu principal biógrafo que Álvaro del Portillo estava «preparado para ouvir o chamamento de Deus. A formação cristã que tinha recebido em casa e no colégio, a sua vida de piedade, simples mas intensa, o seu desejo de trabalhar e de servir os mais necessitados, em combinação com a oração e o sacrifício de São Josemaria, tinham preparado a sua alma e feito dela um terreno fértil para receber a semente divina».

Tudo isto é verdade, mas também o é que uma decisão tão rápida no sentido de entregar toda a sua vida a Deus no celibato apostólico, numa organização recém-fundada e sem uma posição definida dentro da Igreja, era totalmente incaraterística do seu temperamento; com efeito, desde pequeno que era conhecido como uma pessoa que ponderava cuidadosamente as suas decisões. É manifesto, pois, que naquele momento recebeu uma graça extraordinária, intimamente relacionada com os primórdios do Opus Dei. Como ele próprio observaria: «Foi evidentemente um chamamento divino, porque nunca me tinha sequer passado pela cabeça uma vocação deste gênero. Só pensava em concluir o curso de Engenharia e constituir uma família»; e comentou que o Senhor lhe tinha enviado «uma graça "avassaladora", que me levou a responder: "Aqui estou, Senhor. Quero ser da Obra"».

Formalizou essa decisão numa carta breve a São Josemaria datada de 7 de julho de 1935; tratando-o por «Querido Padre», limitou-se a dizer-lhe o seguinte: «Tendo conhecido a Obra de Deus, escrevo-lhe para lhe pedir que me conceda a admissão na mesma. Confio-me às suas orações para perseverar nesta resolução».

Quem era este estudante de Engenharia que pediu a admissão no Opus Dei em julho de 1935, que pouco tempo depois seria o colaborador mais próximo do fundador e que acabaria por tornar-se o seu primeiro sucessor?

CAPÍTULO 2

Os primeiros anos

Álvaro del Portillo nasceu a 11 de março de 1914; foi o terceiro filho de Ramón del Portillo e Clementina Diez de Sollano. Ao longo dos 13 anos que se seguiram ao seu nascimento, os pais teriam mais cinco filhos. Quando Álvaro nasceu, Ramón del Portillo tinha 33 anos. Natural de Madri, tinha cursado Direito na Universidade Central e trabalhava como jurista numa importante companhia de seguros espanhola. Era um cavalheiro esguio, elegante, bem vestido e bem cuidado, de temperamento grave e sereno, sem ser severo. Pessoa metódica, anotava cuidadosamente as coisas mais insignificantes, como por exemplo as suas despesas diárias e o peso e a altura dos filhos. Era de uma pontualidade proverbial: quase se podia acertar o relógio pela hora a que ele ia diariamente almoçar. Castigava os filhos quando era necessário, mas isso não os impedia de ter uma grande familiaridade com ele; já no final da vida, Álvaro recordaria: «Deus Nosso Senhor concedeu-me ser amigo do meu pai, e isso livrou-me obviamente de fazer más amizades».

À semelhança de muitos outros homens espanhóis seus contemporâneos, o pai de Álvaro apreciava touradas, às quais assistia frequentemente; e, quando não podia deslocar-se pessoalmente à arena, seguia-as pelo rádio. Álvaro, que ia frequentemente com ele, herdou esse interesse pelos touros e, quando era adolescente, ele e um grupo de amigos organizaram touradas de amadores com touros muito jovens, que já tinham tamanho para lhes causarem emoção mas que ainda não eram perigosos. Ao longo de toda a sua vida, Álvaro del Portillo recorreu muitas vezes, em conversa, a termos da *afición*.

Quando ele nasceu, a mãe tinha 28 anos. Nascida na plantação de que a sua família era proprietária nos arredores da Cidade do México, aí aprendera a montar a cavalo, uma atividade em que era exímia; tinha depois estudado no Instituto do Sagrado Coração, em Londres, onde aprendera francês e inglês, e conhecera Ramón del Portillo durante umas férias de verão na Espanha.

Diz a filha que era uma mulher «muito calma e serena, que se caracterizava por uma grande bondade. Mas, quando era necessário, também sabia atuar com determinação e grande energia». Ia diariamente à Missa e tinha *A Imitação de Cristo* na mesa de cabeceira; levantava-se sempre cedo e tomava uma ducha fria por espírito de sacrifício.

Álvaro aprendeu a rezar com os pais. Para além das orações da manhã e da noite e da bênção à mesa, em casa dos Portillo era costume rezar o terço em família. Ao domingo, iam todos à Missa, e depois iam dar uma volta no Jardim do Retiro, onde Ramón lhes comprava batatas fritas e refrigerantes. Ao fazer 70 anos de idade, Álvaro del Portillo resumiu assim a herança religiosa que recebera da sua família: «Os meus pais ensinaram-me a ser piedoso. A minha mãe instilou em mim uma especial devoção ao Sagrado Coração e ao Espírito Santo, e transmitiu-me uma especial veneração a Nossa Senhora sob o título de Nossa Senhora do Carmo e [...] tantas outras coisas boas!». Já bastante avançado nos anos, Álvaro continuava a repetir as orações simples que tinha aprendido em criança, como esta: «Doce Mãe, não te afastes / o teu olhar de mim não apartes. / Vem comigo a toda a parte / e nunca me deixes sozinho. / Já que me proteges tanto / como verdadeira

Mãe que és, / faz com que me abençoem o Pai / o Filho e o Espírito Santo».

* * *

Em consequência da Revolução Mexicana de 1910, a família da mãe de Álvaro perdeu as enormes propriedades que tinha no México e mudou-se para a Espanha. Essas contrariedades econômicas não tiveram, porém, um impacto imediato na família; com efeito, graças ao trabalho de Ramón como jurista e aos rendimentos que recebia de algumas propriedades herdadas, a família vivia à vontade num apartamento situado nas proximidades do Jardim do Retiro, uma das melhores zonas residenciais de Madri. Contudo, o apartamento não era especialmente grande para uma família de oito filhos, pelo que Álvaro partilhava o seu quarto com dois irmãos mais novos.

Passou uma infância genericamente saudável, a despeito do ataque de reumatismo que sofreu aos três anos. Era gorducho e gostava muito de pregar peças. Certo dia, a família recebeu a visita de um amigo que ostentava um proeminente bigode à *kaiser* e Álvaro comentou baixinho com o pai que tinha vontade de esfregar pimenta nos lábios do visitante — e assim fez, ignorando o veto do pai, que não conseguiu deixar de divertir-se com o resultado. O convidado é que se sentiu de tal maneira insultado que o desafiou para um duelo. Noutras ocasiões, Álvaro foi castigado por andar a correr pela casa atrás dos irmãos com um pau, e lhes bater nas pernas.

Este peculiar sentido de humor também suscitou a irritação dos professores. Um deles chamou-lhe «palhaço» na caderneta da escola, e outro considerou-o «um tanto brusco»; um terceiro aborreceu-se de tal maneira com ele que o pendurou pelos pés do lado de fora de uma janela e ameaçou largá-lo dali se ele continuasse a portar-se mal.

Os primeiros anos de formação escolar

Em 1920, aos seis anos, Álvaro começou a frequentar o Colegio del Pilar, pertença dos Maristas, uma congregação religiosa fundada na França no início do século XIX. O sistema escolar espanhol da época previa sete anos de instrução primária, seguidos por três anos de instrução secundária, embora poucos alunos seguissem para o secundário e ainda menos concluíssem estes três anos. No Colegio del Pilar, os alunos podiam frequentar os 10 anos. O francês ocupava um lugar destacado na formação dos alunos, o que era invulgar na época e no país, e era nesta língua que os alunos tinham de comunicar nos intervalos. Álvaro frequentaria esse colégio durante oito anos. Nos primeiros, foi um aluno excelente; posteriormente, teria resultado bons, mas não excepcionais.

Álvaro era uma criança ativa e determinada, mas dócil e obediente; gostava de ajudar os outros e era dotado de uma simpatia e uma capacidade de compreensão invulgares. Quando estava no segundo ano, uma reação extemporânea de um colega aborreceu de tal maneira o professor que este castigou a turma inteira cancelando um passeio ao Parque do Retiro. O pequeno delinquente ficou, naturalmente, preocupado com a possível reação dos colegas, mas Álvaro — recorda — «perdoou-me com um sorriso e com a simpatia que o caracterizava».

Ao contrário da generalidade dos estabelecimentos de ensino da Espanha de começos do século XX, o Colegio del

Pilar insistia bastante na educação física e nos desportos, oferecendo aos seus alunos futebol, ginástica, esgrima, hóquei, montanhismo e tênis. Álvaro participava nas atividades desportivas mas por vezes preferia conversar com os colegas durante o recreio. Dá a impressão de não ser especialmente atlético, embora um colega recorde que era «um zagueiro excelente em futebol, muito temido pelos atacantes da outra equipe». Durante as férias de verão, gostava de nadar, de montar a cavalo, de andar de bicicleta e de velejar.

Entre os 10 e os 12 anos, Álvaro foi vítima de várias crises de reumatismo. Embora o médico lhe tivesse imposto uma dieta rigorosa e o mandasse tomar medicamentos desagradáveis, suportou a doença com alegria e bom humor. Certo dia em que os irmãos estavam a tomar um café da manhã mexicano que ele estava proibido de comer, terá comentado com um sorriso: «Que sorte que vocês têm! Podem comer ovos estrelados e feijão, e a mim só me dão remédios».

A formação religiosa que tinha recebido em casa foi reforçada no Colegio del Pilar, onde todos os dias se celebrava Missa antes das aulas, que começavam às 9 horas. A participação na Missa não era obrigatória, mas, depois de ter feito a sua Primeira Comunhão, a 12 de maio de 1921, Álvaro ia regularmente à Missa e comungava. Na altura, a disciplina da Igreja proibia que se ingerisse qualquer alimento ou bebida desde a meia-noite até à hora de se receber a Comunhão, pelo que Álvaro não podia tomar o café da manhã com a família; levava no bolso um pãozinho embrulhado num papel, que comia depois da celebração. Não se sabe se o horário do colégio previa algum lanche a meio da manhã, ou se aquele pãozinho tinha de lhe durar até o almoço, às 14.30 horas.

Comenta a irmã: «Para um rapazinho, é difícil começar o dia sem café da manhã. Mas era o que ele fazia todos os dias, como se fosse a coisa mais normal do mundo. Saía de casa sem comer, com um sorriso no rosto e um pãozinho embrulhado em papel no bolso. «"Álvaro, não comes nada?", perguntávamos-lhe nós. "Não, não, isto chega-me", respondia ele, apontando para o pãozinho. E fazia isto todos os dias, desde muito pequeno.»

Álvaro também participava ativamente nas atividades religiosas do colégio, nomeadamente a Via Sacra. Mais tarde, recordaria alguns cânticos: «Na última estação, cantávamos uns versos de má qualidade, mas que me tocavam muito e ainda tocam: "O Senhor de todas as coisas / jaz debaixo da grande pedra / mas o mundo canta de alegria / porque brilhou a salvação". E é bem verdade. Deus morre, para que nós possamos viver. Ele é sepultado, para que nós possamos ir a toda a parte. Por isso, a Terra inteira canta a alegria da salvação».

A escolha da profissão

Na Espanha, os jovens tinham de começar muito cedo a fazer as suas opções com vista à sua carreira profissional. O primeiro ano dos três de ensino secundário era igual para todos, mas no final desse primeiro ano, ou seja, aos 14 anos, os alunos tinham de optar por Letras ou por Ciências, e entravam na faculdade aos 16 anos, tendo de decidir nessa altura que curso iriam seguir.

Os alunos que quisessem seguir Engenharia até faziam essa opção mais cedo, aos 13 anos, assim que completavam o ensino básico; isto porque a engenharia ocupava uma situação peculiar no contexto do sistema espanhol de ensino, sendo provavelmente, nas décadas de 20 e 30 do século passado, a profissão mais prestigiada da Espanha e um dos cursos intelectualmente mais exigentes. Apesar disso, a escola de Engenharia, que começara por ser uma escola do Exército, não fazia tecnicamente parte da universidade. Por esse motivo, não era necessário concluir o ensino secundário para pedir a admissão à escola de Engenharia; teoricamente, um aluno que tivesse completado os sete anos do ensino básico poderia cursar Engenharia, se conseguisse ser aprovado no exame correspondente. Mas as matérias de Física e Matemática que faziam parte desse exame estavam muito acima do que se ensinava no ensino secundário, quanto mais do ensino primário.

Deste modo, os jovens que queriam ir para Engenharia não costumavam frequentar as escolas comuns de ensino secundário, optando pelas academias privadas, que lhes proporcionavam um nível superior de ensino em Matemática, Física e outras matérias, concentrando-se nas áreas que eram necessárias para passar no exame de acesso à escola de Engenharia. Na sua maioria, os jovens passavam pelo menos dois anos nessas academias, e muitos chegavam mesmo a frequentá-las durante quatro ou cinco anos; uma vez concluídos esses cursos, não recebiam um diploma de conclusão do ensino secundário, embora fossem muito mais versados em Matemática e em Física do que os seus contemporâneos que tinham frequentado o ensino secundário. Fosse como fosse, mesmo com todos esses anos de formação, o exame de admissão à escola de Engenharia não deixava de ser assustador.

Concluído o ensino primário, cerca de uma dúzia de colegas de Álvaro, que queriam candidatar-se a Engenharia ou à Academia Militar, decidiram não fazer os três anos de ensino secundário, optando por se inscrever numa das tais academias privadas. Álvaro, porém, continuou no Colegio del Pilar, onde fez o primeiro ano do secundário, o que nos permite supor que ainda não tinha decidido que queria efetivamente seguir Engenharia. Direito era outra possibilidade, dado que o pai era jurista. Mais tarde, explicaria que tinha decidido não seguir Direito porque era tímido e não gostava de falar em público; pensava por isso que se adaptaria melhor a um campo em que pudesse trabalhar sozinho.

Durante o primeiro ano do ensino secundário, decidiu tentar fazer o exame de admissão à escola de Engenharia Civil; para além de ter rejeitado a hipótese do Direito, não se sabe bem qual foi o processo que o levou a tomar esta decisão, mas talvez a circunstância de ter jeito para desenho e de o Colegio del Pilar ter a tradição de mandar alunos para Engenharia tenham contribuído para ela.

A opção por Engenharia foi ousada e, em certo sentido, intrigante. Não era minimamente óbvio que estivesse em condições de passar no difícil exame de admissão; só 4% ou 5% dos candidatos conseguiam entrar, e as classificações de Álvaro não fazem supor que tivesse as extraordinárias competências em Matemática e em Física que a escola de Engenharia exigia: no primeiro ano do secundário, teve «Suficiente» a Matemática; obtivera «Muito Bom» a Física e a Química no último ano do básico, mas no anterior tinha tido «Bom» em Aritmética e Geografia.

É provável que a decisão não tenha sido tomada de ânimo leve. Quando confrontado com a necessidade de tomar decisões muito menos importantes, dizia com frequência: «Vou pensar nisso»; e comenta um membro da sua família que não se tratava de uma desculpa para não tomar uma decisão imediata, antes refletindo uma real determinação de pensar bem nas coisas. A sua decisão parece espelhar, pois, um elevado grau de autoconfiança, bem como a disponibilidade para trabalhar intensamente.

A preparação para o exame de admissão à escola de Engenharia

Álvaro inscreveu-se na Academia Misol aos 14 anos, no outono de 1928, com o objetivo de começar a preparar-se para o exame de admissão à escola de Engenharia, um objetivo que alcançaria cinco anos mais tarde, em 1935; esses cinco anos foram preenchidos essencialmente com aulas e longas horas de estudo.

A 23 de setembro de 1928, o irmão mais velho convidou-o a ir ao teatro, mas à última hora mudou de planos. Durante o espetáculo, deflagrou um incêndio no edifício, e morreram 77 pessoas esmagadas na corrida para as saídas da sala de espetáculos. Três ou quatro anos depois, num dia de verão, Álvaro combinou ir dar um passeio num barco a motor com um irmão e vários amigos. Quando já se encontravam no barco e prestes a largar, o irmão começou a sentir-se mal e Álvaro decidiu ficar em terra com ele; o barco afundou-se na sequência de uma tempestade repentina, e os amigos morreram todos afogados, à exceção de um. Álvaro convenceu-se de que Deus lhe tinha salvado a vida com um objetivo específico, embora não lhe parecesse que se tratasse do sacerdócio ou da vida religiosa. Os seus planos de futuro continuavam a ser o curso de Engenharia, casar-se e constituir família.

Continuava a ir à Missa todos os dias, mesmo durante as férias de verão, e fazia muitas vezes uma visita ao Santíssimo Sacramento quando regressava a casa ao fim do dia; mas, à exceção das Conferências de São Vicente de Paulo, não participava em nenhum dos muitos grupos católicos que proliferavam na Espanha daquela época — nem sequer era acólito.

Deus não Se fez sentir na vida de Álvaro apenas através dos dois acontecimentos dramáticos que atrás referimos, mas também de uma forma mais discreta. Durante as suas férias de verão em várias cidades costeiras de pequena dimensão no Norte da Espanha, foi descobrindo na beleza da paisagem, em especial no mar, a beleza de Deus. Contemplando as águas de terra ou remando mar adentro, aprendeu a rezar, falando com Deus e agradecendo-Lhe toda a beleza que tinha criado. «E foi nessa altura», diria mais tarde, «que o Senhor começou a meter-Se no meu coração.»

Apesar das enormes exigências que o estudo lhe impunha em termos de tempo, Álvaro interessava-se bastante pelos irmãos mais novos: ajudava-os a fazer quebra-cabeças e entretinha-se muito com eles. Em certa ocasião, pediu ao irmão mais novo que posasse para diversas fotografias, e dias depois espantou-o com um retrato em que o pequeno apertava a mão a si próprio — feito notável para quem dispunha apenas de uma máquina fotográfica Kodak, que estava a várias décadas de distância da montagem digital.

Tinha imensa paciência com os irmãos. Um dia, o mais novo, Carlos, entornou um tinteiro por cima de uma série de desenhos que Álvaro tinha levado imenso tempo a fazer. Quando voltou para casa e encontrou os desenhos todos manchados, chamou o irmão, sentou-o ao colo e explicou-lhe que tinha de ser mais responsável. Carlos ficou atónito e extremamente aliviado: «Em vez de me bater», recordaria mais tarde, «limitou-se a explicar-me que aquele trabalho era muito importante, de maneira que eu aprendesse a ter mais cuidado daí em diante».

Os exames de admissão

Álvaro fez o seu primeiro exame de admissão à escola de Engenharia Civil e à escola de Engenharia de Minas na primavera de 1932, aos 18 anos; mas não foi aceito por nenhuma das duas, embora tivesse estado perto de passar o exame da escola de Engenharia de Minas.

Era frequente os candidatos fazerem esse exame de admissão várias vezes, e Álvaro não desistiu do seu objetivo de ser engenheiro civil. Mas, sentindo a necessidade de começar rapidamente a ganhar dinheiro, a fim de ajudar a família, que por essa altura se encontrava em dificuldades em consequência de algumas perdas sofridas pelo pai nos primeiros anos da Depressão, decidiu dar início a um curso de dois anos e meio de engenheiro técnico de obras públicas na Escola Tecnológica de Engenharia de Obras Públicas, cujos graduados podiam ocupar cargos no Ministério das Obras Públicas. Esta escola ficava no mesmo edifício que a Escola de Engenharia Civil e alguns professores eram comuns às duas.

Em outubro de 1932, Álvaro passou no exame de admissão a esta escola e começou a frequentar o curso técnico de Engenharia, ao mesmo tempo que continuava a despender uma parte importante do seu tempo na preparação para voltar a fazer o exame de admissão a Engenharia Civil. Na primavera de 1933, concluiu o primeiro ano do curso técnico de Engenharia com a classificação de «Bom», ao mesmo tempo que passava no exame de admissão à escola de Engenharia; e foi um dos 23 candidatos admitidos entre os 549 que fizeram o exame.

No outono de 1933, Álvaro deu início ao seu primeiro ano de Engenharia Civil, ao mesmo tempo que prosseguia o seu curso de engenheiro técnico de Obras Públicas.

Tinha a possibilidade de frequentar os dois cursos porque as aulas de Engenharia Civil decorriam de manhã e as do curso técnico à tarde. Algum tempo depois, porém, disseram-lhe que não podia acumular os dois cursos, tinha de optar por um deles. Ora, Álvaro tinha passado cinco anos a preparar-se para entrar em Engenharia Civil, que era um curso bastante mais prestigiado do que o curso técnico de Engenharia, e futuramente mais rentável; contudo, tinha uma grande vontade de ajudar financeiramente a família e, como engenheiro civil, só dentro de cinco anos poderia fazê-lo; como engenheiro técnico, teria a possibilidade de arranjar trabalho em pouco mais de um ano. Por este motivo, decidiu adiar o curso de Engenharia Civil.

No outono de 1934, Álvaro tinha concluído o curso técnico de Engenharia, embora lhe faltasse o projeto final; enquanto trabalhava nesse projeto, que terminou em janeiro de 1935, inscreveu-se no primeiro ano de Engenharia Civil. Meses depois, conseguiu empregar-se num ministério do Estado, onde trabalhava à tarde, o que lhe permitia continuar a assistir às aulas de Engenharia Civil de manhã.

Aproximar os outros de Deus

No caminho da faculdade para casa, Álvaro costumava conversar com os amigos que faziam o mesmo percurso. E era frequente conversar com um deles, que era agnóstico, sobre religião, embora sem sucesso aparente. Nos anos que se seguiram, os dois amigos continuaram a escrever-se, e Álvaro pedia-lhe sempre que rezasse por ele. Numa das últimas cartas que lhe escreveu, o amigo respondeu-lhe: «Não te preocupes, esta família reza mesmo por ti». Antes de morrer, esse homem receberia os sacramentos.

Um colega da faculdade, Manuel Pérez Sánchez, apresentou Álvaro a um grupo de 10 ou 12 jovens que participavam nas Conferências de São Vicente de Paulo; eram quase todos estudantes de Engenharia. Um dos membros do grupo era Pedro Arrupe, que viria a ser geral dos Jesuítas, e outro Jesús Gesta de Piquer, que seria martirizado três anos depois, no começo da Guerra Civil da Espanha, e beatificado por São João Paulo II. Os membros desse grupo haveriam de recordar as memórias que tinham de Álvaro; segundo um deles, era um jovem «alto, refinado, com um olhar compreensivo e sereno e um rosto sempre sorridente»; outro recorda que era piedoso, e que tinha um grande desejo de aproximar os outros de Deus e de ajudar os necessitados, acrescentando que tinha um caráter extremamente reto, sereno e prudente.

Estes estudantes iam frequentemente aos bairros mais pobres de Madri distribuir esmolas, medicamentos e cupons de alimentação. Além disso, davam catequese às crianças e organizaram um retiro para homens que consistiu essencialmente em aulas de catecismo; no final do retiro, serviram um jantar aos participantes.

Um dia, foram visitar uma família que vivia numa barraca e descobriram que o pai e a mãe tinham sido ambos presos, deixando em casa quatro filhos pequenos, que não tinham que comer e tremiam de frio. Álvaro e os amigos foram à delegacia do bairro, mas encontraram-na fechada; então, deram dinheiro a um vizinho para lhes comprar comida e prometeram voltar no dia seguinte. Quando lá voltaram, perceberam que a polícia não tinha interesse nenhum em ajudar aquelas crianças e, na falta de outra solução mais adequada, levaram-nas para um asilo. Uma das crianças era pequena, e ainda não sabia andar, pelo que Álvaro a levou ao colo.

Muitos dos habitantes desses bairros pobres eram violentamente anticlericais e não gostavam que aqueles rapazes da classe média levassem a mensagem cristã ao bairro. Por isso, a 4 de fevereiro de 1934, um grupo de homens atacou os estudantes quando eles vinham a sair de uma aula de catequese, e um deles atingiu Álvaro na cabeça com uma chave inglesa. Álvaro conseguiu fugir para uma estação de metrô e entrar num trem que estava prestes a partir e deixando os agressores para trás. Quando chegou a casa, com o casaco coberto de sangue, os pais tinham saído; para não assustar os irmãos, disse-lhes que tinha caído na rua. No pronto-socorro aonde foi deram-lhe um tratamento inadequado, com a consequência de que o ferimento infeccionou, obrigando a um prolongado e doloroso tratamento por parte do médico da família; este terá comentado com a mãe de Álvaro: «A senhora tem um filho muito valente! Nunca se queixa».

A despeito do óbvio perigo que corria, Álvaro continuou a frequentar aquele bairro, quer para dar aulas de catequese, quer para aliviar de alguma forma a pobreza dos moradores a que conseguia chegar. Anos mais tarde, diria acerca das pessoas que conheceu: «Aprendi muito com eles. Não tinham que comer, mas vi-os sempre sorridentes. Para mim, foi uma grande lição».

Para compreendermos este período da vida de Álvaro del Portillo, e em especial aquilo por que passou durante a Guerra Civil da Espanha, temos agora de o deixar por uns momentos e de voltar a nossa atenção para os dramáticos acontecimentos que estavam a ter lugar na Espanha daquela época.

CAPÍTULO 3

O contexto político e social[1]

A Espanha da década de 1930 era um país relativamente pobre, em comparação com os outros países ocidentais, e as tensões sociais eram intensas. Madri era uma cidade rodeada de bairros de lata onde viviam os muitos desesperados que tinham acorrido à capital, a despeito dos baixos salários e das precárias condições de vida. Os operários dividiam a sua filiação sindical entre a UGT, um sindicato socialista que contava com cerca de um milhão de associados, e o CNT, um sindicato anarquista, que contava com outro milhão.

As tensões econômicas e sociais foram exacerbadas por profundas divisões de cariz religioso. Na sua maioria, os espanhóis eram batizados, e muitos levavam a sua fé a sério, agradando-lhes que a doutrina da Igreja influenciasse a legislação do país em matérias como o casamento e a educação. Mas muitos dirigentes políticos da burguesia que se tinham deixado influenciar pelo Iluminismo, bem como um número elevado de socialistas e anarquistas pretendiam reduzir ou mesmo eliminar a influência da Igreja na vida da nação.

---

1 Para mais informações sobre o contexto político e social, veja-se John F. Coverdale, *Uncommon Faith: The Early Years of Opus Dei, 1928-1943*, Nova Iorque, Scepter Publishers, 2002. As informações incluídas neste capítulo foram extraídas desta obra. Para uma análise mais detalhada, veja-se Stanley G. Payne, *The Spanish Civil War*, Cambridge, Mass., Cambridge University Press, 2012.

A Segunda República

Em 1931, a Espanha, que era tradicionalmente uma monarquia, passou a ser uma república. A mudança ocorreu sem violência, mas a verdade é que, para muitos católicos, a Monarquia se identificava com a defesa da Igreja, o que implicava que a República fosse uma séria ameaça à prática da religião. Por seu turno, muitos republicanos consideravam que a Igreja era o principal obstáculo aos seus planos de reformas sociais, econômicas e culturais.

Algumas semanas após a declaração da República, um pequeno incidente ocorrido em Madri degenerou em três dias de violência, essencialmente contra igrejas, mosteiros e conventos; esta explosão de violência ficou para a história da Espanha sob a designação de «queima de conventos». O Governo republicano não esteve na origem dos ataques, mas tardou muito a reagir a eles; quando finalmente interveio, as atrocidades terminaram rapidamente, mas nessa altura já tinha sido queimada cerca de uma centena de conventos e igrejas. A ausência de reação do Governo nos primeiros dias dos distúrbios convenceu muitos católicos de que o novo regime era um inimigo implacável da Igreja.

Legislação antirreligiosa

A nova República promulgou uma série de decretos e regulamentos que perturbaram muitos católicos: introduziu a total liberdade de consciência e de culto; tornou o ensino da religião facultativo nas escolas públicas; dissolveu os corpos de capelães do Exército e da Marinha; substituiu o tradicional juramento dos cargos oficiais por uma simples promessa; acabou com a presença de um representante da Igreja no Conselho Nacional de Educação; e proibiu os funcionários do Estado de participarem em cerimônias religiosas públicas. Numa sociedade tolerante e pluralista, a maior parte destas medidas seria considerada normal; contudo, para a maioria dos católicos da Espanha, que haviam sido educados num ambiente de íntima colaboração entre a Igreja e o Estado, tratava-se de medidas hostis à Igreja.

Quando das eleições para a Assembleia Constituinte, que seria encarregada de redigir a Constituição, os grupos políticos favoráveis à Igreja não conseguiram entender-se; por consequência, os partidos hostis à Igreja conquistaram a maioria dos lugares, conseguindo dominar na redação da Constituição — cujo artigo 3º declarava que a Espanha «não tem religião oficial», e cujo artigo 26º ia ainda mais longe, estipulando a dissolução da Companhia de Jesus e o confisco de todas as suas propriedades.

A legislação promulgada com base na nova Constituição privava a Igreja do direito de propriedade de todas as igrejas e todos os conventos, embora lhe permitisse continuar a utilizar esses edifícios. As ordens religiosas foram sujeitas a um intenso controle por parte do Governo, e os seus membros foram proibidos de ensinar fosse o que fosse à exceção de matérias religiosas.

Guinada à direita e de novo à esquerda

No outono de 1933, os católicos espanhóis e outros conservadores já tinham se recuperado do choque e da desorganização graças aos quais se tinham saído tão mal nas eleições que se haviam seguido à declaração da República, e constituíram uma coligação eleitoral que lhes permitiu apresentar um candidato único na maioria dos círculos eleitorais, retirando todas as vantagens do sistema eleitoral em vigor, que em 1931 tinha militado contra eles e a favor dos partidos de esquerda. Os conservadores também se beneficiaram da possibilidade de as mulheres, que em 1931 não tinham direito de voto, já poderem votar em 1933. Por outro lado, após dois anos de ferozes combates parlamentares, os partidos da esquerda e do centro-esquerda estavam de tal maneira divididos que não conseguiram apresentar uma frente única às eleições.

A guinada à direita que se seguiu foi significativa, embora não dramática. Mas a esquerda, que tinha sido derrotada, ficou extremamente preocupada com essa mudança, que enquadrou no movimento político que em 1933 levou Hitler ao poder na Alemanha, e que em breve conduziria ao assassínio do primeiro-ministro austríaco, Engelbert Dollfuss.

Durante um ano, a Espanha foi devastada por greves frequentes e um número elevado de pequenas revoltas. Em outubro de 1934, a esquerda convocou uma greve geral nacional, que desencadeou um levantamento revolucionário; esse movimento dissolveu-se rapidamente na maior parte do país, mas evoluiu para uma revolução em larga escala na zona mineira das Astúrias, no Norte da Espanha.

A fim de esmagar a revolta das Astúrias, o Governo de centro-direita chamou o Exército da África, que se encontrava estacionado nas pequenas colônias que a Espanha detinha no Norte de África. Foi uma atitude desesperada; o Exército da África estava habituado a esmagar os levantamentos coloniais, usando para isso a força que fosse necessária. Seguiram-se violentos combates, sem qualquer contenção, nem da parte dos revolucionários, nem da parte do Exército, durante os quais morreram mais de mil civis, para além de 300 militares, membros da Guarda Civil e polícias; e foram incendiados, destruídos ou danificados mais de mil edifícios.

Na revolta das Astúrias foram mortos 34 sacerdotes e religiosos, e destruídas 58 igrejas. Ocasionais explosões de violência anticlerical ocorridas nos séculos anteriores tinham produzido graves danos em igrejas e conventos, mas nunca se tinham verificado ataques em grande escala a sacerdotes e religiosos. Este elevado grau de violência contra pessoas constituiu, portanto, uma nova fase na história do anticlericalismo na Espanha.

A situação política e social continuou a deteriorar-se durante o ano de 1935. O país sofria os efeitos da Grande Depressão e os partidos de esquerda mostravam-se cada vez mais decididos a promover uma mudança radical. Os partidos extremistas da direita também iam crescendo em dimensão e em virulência. Assim, a Falange, que ia buscar grande parte do seu vocabulário, do seu estilo e do seu programa ao fascismo italiano, estava a tornar-se um fator significativo da vida política; nas ruas, os jovens falangistas, os camisas-azuis, entravam em confrontos cada vez mais violentos com os jovens pertencentes aos grupos de esquerda.

O prelúdio da Guerra Civil

No começo de 1936, o Presidente da República dissolveu o Parlamento e convocou eleições gerais antecipadas. Os partidos operários da esquerda e os partidos do centro-esquerda, constituídos essencialmente por membros da classe média, uniram-se e constituíram a Frente Popular. A retórica da esquerda foi-se tornando cada vez mais inflamada e, embora seja hoje muito claro que não havia, nos primeiros meses de 1936, uma real probabilidade de ocorrer uma revolução, a direita espanhola convenceu-se de que estava iminente uma revolução comunista, e os partidos da esquerda nada fizeram para abrandar esses temores.

Nas eleições de 1936 verificou-se uma transferência relativamente limitada dos votos do centro e do centro-direita para o centro-esquerda. A Frente Popular obteve mais de 40% dos votos, os partidos da direita cerca de 30% e os partidos do centro cerca de 20%; nem os comunistas nem os falangistas obtiveram muitos votos. Mas a alteração no Parlamento foi muito profunda; com efeito, devido às alianças entre os partidos da Frente Popular e ao sistema eleitoral em vigor, a Frente Popular ficou com cerca de 56% dos lugares e os partidos da direita conquistaram 30% dos lugares, deixando um centro profundamente fragmentado, com cerca de 14% dos lugares e praticamente nenhuma influência política.

Na primavera e no começo do verão de 1936, a violência generalizou-se. Incitados pelos resultados eleitorais, os camponeses do Sul ocuparam terras; nas cidades, eram cada vez mais frequentes os ataques a edifícios públicos e privados, e em especial a igrejas. Entre 3 de fevereiro e o começo da Guerra Civil — 17 de julho —, houve cerca de 270 mortos e quase 1300 feridos em incidentes e assassínios políticos.

À medida que a primavera ia avançando, o clima político ia-se tornando cada vez mais tenso. Toda a gente desconfiava — e, como veio a verificar-se, com razão — de que o Exército estava a planejar um golpe. Os sindicatos e os partidos políticos da extrema-direita e da extrema-esquerda andavam ocupados a organizar e armar milícias privadas, que se confrontavam entre si, criando um clima de medo e de violência nas ruas.

O levantamento militar

No começo de junho, um grupo de oficiais do Exército tinha praticamente concluído um plano destinado a derrubar o Governo. Esses homens tencionavam estabelecer um Governo militar temporário e convocar uma Assembleia Constituinte que redigisse uma nova Constituição. À exceção do restabelecimento da ordem, os objetivos políticos desses oficiais eram bastante vagos.

O assassínio, pelas forças de segurança do Governo, de um importante dirigente da extrema-direita acabou por acender o rastilho da revolta militar, que se iniciou a 17 de julho de 1936, em Marrocos, não tardando a espalhar-se por todo o país. Os dirigentes dessa revolta eram principalmente jovens oficiais; com efeito, os generais mais antigos mostraram-se ou hesitantes, ou contrários ao levantamento militar. Uma parte significativa do Exército, bem como a Força Aérea e a Marinha, recusaram-se a aderir ao movimento; e houve muitas zonas do país em que os membros das polícias militarizadas (a Guarda Civil e a Guarda de Assalto) travaram vigorosos combates contra as unidades do Exército que aderiram à revolta.

Na sequência de uma rápida sucessão de governos, José Giral, um obscuro professor republicano de extrema-esquerda que tinha sido ministro da Marinha, ascendeu ao cargo de primeiro-ministro, formando um Governo constituído quase exclusivamente por liberais da classe média, mas que tinha o apoio explícito de socialistas, anarquistas e comunistas. A 19 de julho, por pressão dos seus apoiantes socialistas e anarquistas, Giral tomou uma decisão marcante: «armar a população», ou seja, entregar armas aos membros das milícias socialistas e anarquistas; esta decisão empurrou muitas unidades do Exército, que até então tinham permanecido hesitantes, para os braços dos nacionalistas.

A 20 de julho, o país encontrava-se dividido em duas grandes zonas. As forças que se opunham à revolta militar e que permaneciam nominalmente leais ao Governo republicano ocupavam aproximadamente dois terços do território, nos quais estava incluída uma parte significativa da costa atlântica e toda a costa do Mediterrâneo, à exceção de uma zona perto de Cádis; estas forças controlavam Madri, Barcelona e as principais cidades e centros industriais, à exceção de Saragoça, no Norte, e de Sevilha e Córdova, no Sul. Os nacionalistas tinham conseguido dominar uma grande parte da metade norte do país, à exceção das províncias catalãs do Nordeste e da tira atlântica onde se situavam as províncias bascas de Santander e Oviedo; no Sul, detinham apenas dois pequenos enclaves em torno de Sevilha e de Córdova, bem como uma zona de grande importância estratégica em torno de Cádis, que lhes permitia trazer para a península os militares que se encontravam nas possessões do Norte de África, também controladas por eles.

A Guerra Civil transformou-se rapidamente num acontecimento internacional, e ambos os lados pediram auxílio e armas aos países que poderiam ter maior simpatia pela sua causa. Com efeito, à medida que o conflito foi progredindo, ambos os lados receberam ajudas significativas que contribuíram para a configuração da guerra: os nacionalistas, da Alemanha e da Itália; e os republicanos, da União Soviética e da França.

A revolução

A insurreição nacionalista e a reação do Governo deram origem à revolução que os dirigentes militares haviam temido. Em particular, a decisão tomada por Giral de armar as milícias socialistas e anarquistas evitou uma rápida vitória nacionalista, mas conduziu a um quase total esgotamento do Governo.

O único local onde o Governo ainda mantinha algum controle dos acontecimentos era Madri, mas mesmo aí as suas ordens eram mais vezes ignoradas do que obedecidas. As unidades milicianas e os tribunais populares assumiram rapidamente o controle das cidades, vilas e aldeias das zonas onde o movimento nacionalista não tinha conseguido impor-se; confrontada com esta revolução social em grande escala, a legalidade republicana entrou em colapso. Como dizia Dolores Ibárruri (também conhecida como *La Pasionaria*), a mais importante oradora comunista da Espanha deste período, «o aparelho do Estado foi completamente destruído, e o poder estava nas ruas». Embora se reclamasse como Governo legal da Espanha e apresentasse os seus apoiantes como «lealistas», a verdade é que o Governo de Giral estava muito longe de ser o Governo liberal de base parlamentar previsto na Constituição republicana; apesar disso, as forças que se opuseram aos nacionalistas são geralmente designadas por «republicanas».

O Governo central levaria vários meses a recuperar o controle das ruas de Madri e de outras zonas do país em que o movimento nacionalista não tinha conseguido implantar-se. Nos primeiros meses da guerra, os comitês revolucionários, cuja composição variava de província para província, tinham muito mais influência e muito mais poder do que o Governo central. A Espanha republicana passou a ser, na realidade, uma confederação de regiões, governada — se se pode chamar governo ao que se passava — pelos sindicatos socialistas e anarquistas e as respectivas milícias, que operavam por via de vários tipos de juntas.

O colapso do controle governamental na zona republicana foi acompanhado por uma explosão de terror, obra essencialmente de pequenos grupos constituídos por membros dos partidos revolucionários, que se organizavam com esse objetivo específico. Inicialmente, o Governo não fez nenhum esforço sério para pôr fim à violência, e algumas das mortes perpetradas em Madri foram-no pelas unidades de polícia, que eram — pelo menos formalmente — controladas por ele.

Grande parte do terror tomou a forma de ataques à Igreja Católica e aos seus ministros. Entre 18 e 31 de julho de 1936, foram assassinados 50 sacerdotes em Madri, e um terço das 150 igrejas da capital foram saqueadas ou queimadas. Os atos de violência contra os católicos prosseguiram com a mesma intensidade durante o mês de agosto em grande parte das zonas controladas pelos republicanos; com efeito, durante esse mês, foram mortos mais de 2 mil sacerdotes e religiosos. A violência contra sacerdotes, religiosos e católicos em geral foi abrandando gradualmente a partir de agosto, embora os assassínios esporádicos de sacerdotes e religiosos tenham prosseguido até ao final da guerra. Quando, em 1939, o conflito finalmente terminou, tinham sido mortos 12 bispos,

4 mil sacerdotes diocesanos e mais de 2500 religiosos: um em cada sete sacerdotes diocesanos e um em cada cinco membros de ordens religiosas masculinas. Na diocese de Barbastro, de onde era natural São Josemaria, foram assassinados 123 dos 140 sacerdotes. Não é possível saber exatamente quantos leigos, homens e mulheres, foram assassinados pela simples razão de serem católicos e de serem conhecidos como tal, mas foram muitos. Muitas dessas vítimas foram executadas na sequência de julgamentos sumários, levados a cabo por «tribunais do povo» organizados por anarquistas, socialistas, comunistas e membros de outros partidos de extrema-esquerda; outras foram simplesmente linchadas.

Foi neste contexto que decorreram os primeiros anos da vida de Álvaro del Portillo no Opus Dei.

CAPÍTULO 4

Primeiros passos no Opus Dei

Desde o princípio da sua vocação para o Opus Dei, Álvaro del Portillo parece ter recebido uma graça especial que lhe permitiu ter uma consciência particularmente intensa da sua filiação relativamente ao fundador; ou seja, compreendeu com grande clareza que só poderia viver a sua vocação para o Opus Dei se estivesse inteiramente unido, de cabeça e de coração, a São Josemaria, em quem via um modelo do espírito do Opus Dei: «Ter os pés bem assentes na terra e a cabeça no céu, ou seja, utilizar as próprias capacidades para cumprir os deveres de cada dia, [...] mas sempre com o pensamento no Senhor».

No próprio dia em que pediu a admissão no Opus Dei, Álvaro alterou os seus planos de férias e decidiu passar o verão em Madri, a fim de aprender a viver a sua vocação e de estar perto de São Josemaria e dos primeiros membros da Obra. Embora estivesse exausto, após um ano de trabalho intenso, o fundador começou imediatamente a dar-lhe uma série de aulas em que lhe explicou o espírito da Obra.

Nessas aulas, São Josemaria sublinhou que o Opus Dei não era um projeto exclusivamente humano, mas um empreendimento sobrenatural desejado por Deus; que não vinha resolver os problemas específicos com que a Igreja se confrontava na Espanha naquela década de 1930, mas que trazia a mensagem da vocação universal para a santidade a todos os homens, de todos os tempos e lugares. E, se bem que naquela altura o Opus Dei não passasse de um punhado de jovens reunidos em volta de um sacerdote de Madri, São Josemaria falava já da sua expansão pelos séculos e pelos vários continentes.

Desde o princípio da sua vocação, Álvaro começou a trabalhar para comunicar a outros o dom que tinha recebido. Um deles foi um antigo colega da escola del Pilar, José María Hernández Garnica, que frequentava as atividades da Academia DYA, e a quem os membros do Opus Dei tinham falado da sua possível vocação para a Obra, embora sem efeito. Nessa altura, Álvaro juntou-se ao coro, e Garnica queixou-se: «Agora até o maçante do Portillo, que nunca me dizia nada, insiste comigo para que me decida a pedir a admissão na Obra». E a verdade é que pediu mesmo, antes do final de julho, e começou a receber as mesmas aulas que o fundador dava a Álvaro.

No final de agosto, Álvaro foi juntar-se à família, que se encontrava de férias em La Granja, uma cidade a norte de Madri, e com ela passou as últimas semanas desse verão. Logo falou do Opus Dei a um grande amigo seu, que também estava ali de férias. Como Deus o tinha chamado ao celibato, deixou de sair com mulheres; continuou a ser simpático e agradável com elas, mas evitava grandes conversas e manifestações de afeto.

Durante a sua estada em La Granja, apercebeu-se de que tinha perdido uma parte do seu entusiasmo inicial, e falou disso a São Josemaria numa carta. Alguns anos mais tarde, São Josemaria escreveria um ponto de *Caminho* em que daria conta dessa experiência: «"Passou-me o entusiasmo", escreveste-me. — Tu não hás de trabalhar por entusiasmo, mas por Amor; com consciência do dever, que é abnegação».

Um plano de vida

No final de setembro, Álvaro regressou a Madri, para continuar a trabalhar no Ministério das Obras Públicas e dar início ao seu segundo ano do curso de Engenharia Civil. Trabalhava intensamente, procurando pôr em prática aquilo que tinha aprendido com São Josemaria sobre converter o trabalho e todas as atividades em oração e em serviço a Deus. Graças à formação que recebera, bem como ao seu esforço pessoal e às abundantes graças que Deus lhe deu, foi edificando gradualmente uma vida de oração intensa e de união com Deus, de acordo com aquilo a que São Josemaria chamava «o plano de vida» de um membro do Opus Dei. Este plano consistia numa série de práticas de piedade flexíveis, que Álvaro cumpriu até ao último dia da sua vida na Terra; à medida que os meses e os anos foram passando, foi-as integrando, passo a passo, na sua vida de todos os dias, e esforçava-se por cumpri-las com cada vez mais amor a Deus, sem desanimar quando percebia que se tinha esquecido de alguma ou que as tinha feito à pressa e com pouca atenção.

O núcleo do plano de vida era a Missa diária, que se transformou rapidamente, nas palavras de São Josemaria, no «centro e raiz» da sua vida interior. Álvaro fazia esforços heroicos para assistir à Missa e comungar, mesmo quando as viagens ou outras circunstâncias o obrigavam a levantar-se muito cedo ou a prolongar o jejum eucarístico; isto fazia com que muitas vezes tivesse grandes dores de cabeça, mas nunca o impediu de jejuar para poder comungar ou, depois de ter sido ordenado, celebrar Missa. Na Missa, oferecia a Deus o seu trabalho e as atividades do seu dia, associando-as ao sacrifício de Cristo; e, ao longo do dia, enquanto oferecia o seu trabalho a Deus ou recorria a Ele com ações de graças, petições e atos de desagravo, juntava esses momentos à Missa a que tinha assistido nesse dia ou a que iria assistir no dia seguinte.

Outro pilar do plano de vida de Álvaro era a oração mental: passava meia hora de manhã e meia hora à tarde a rezar diante do Santíssimo Sacramento. Tinha aprendido com São Josemaria a transformar essa oração numa conversa com Deus, sobre Deus e sobre si próprio; a oração destinava-se a conhecer a Deus e a conhecer-se a si mesmo, e Álvaro aprendeu a falar com Ele com o mesmo à-vontade e a mesma naturalidade com que falava com os pais, os irmãos e os amigos. E, quando a oração se tornava mais custosa, insistia com perseverança, convencido da verdade desta observação de São Josemaria: «A oração não é um problema de falar ou de sentir, mas de amar. E amamos quando nos esforçamos por dizer alguma coisa ao Senhor, mesmo que não digamos nada».

Álvaro alimentava a sua oração e a sua vida interior com a leitura do Novo Testamento, tentando não apenas compreender, mas também meter-se dentro das cenas do Evangelho, como se tivesse estado presente nos acontecimentos que ele relata. E muitas vezes retirava da leitura do Novo Testamento uma frase que depois usava como inspiração — como jaculatória — durante o dia.

Para além do Novo Testamento, também lia um livro que lhe alimentasse a vida de piedade e lhe permitisse aumentar os seus conhecimentos acerca de Deus e das coisas de Deus. Lia encíclicas e outros documentos pontifícios, ou os Padres da Igreja e clássicos da literatura espiritual, como as obras de Santa Teresa de Ávila e de São João da Cruz; mas também lia obras contemporâneas de espiritualidade, como *A Alma de Todo o Apostolado*, de Jean-Baptiste Chautard, um monge trapista, e *A vida espiritual*, de Benedikt Baur.

Outra componente importante do seu plano de vida era a recitação diária do «Terço», que fazia geralmente quando ia e voltava das aulas e do trabalho; isso permitiu-lhe ir crescendo no amor à Santíssima Virgem Maria. Umas vezes centrava-se nas palavras da «Ave-Maria» e das outras orações, outras vezes nas intenções pelas quais ia oferecendo o terço; e contemplava habitualmente os mistérios, tentando ver-se nas cenas, como São Josemaria aconselhava em *O Santo Rosário*, o seu primeiro livro: «Viveremos [...] a vida de Jesus, de Maria e de José. Todos os dias lhes havemos de prestar um novo serviço. Ouviremos as suas conversas de família. Veremos crescer o Messias. Admiraremos os seus trinta anos de obscuridade... Assistiremos às suas Paixão e Morte... Pasmaremos ante a glória da sua Ressurreição... Numa palavra: contemplaremos, loucos de Amor (não há maior amor que o Amor), todos e cada um dos instantes de Cristo Jesus».

Ao meio-dia, fazia uma pausa para rezar o *Angelus* e pensar durante um momento em como tinha corrido a manhã relativamente ao ponto específico de luta interior em que estivesse a centrar as suas atenções naquele momento, planejando depois a maneira de melhorar essa luta durante o resto do dia. Esses pontos de luta podiam ter a ver com a santificação do trabalho, a sua própria santificação no trabalho e a santificação dos outros pelo trabalho; para isso, poderia ter de aproveitar melhor o tempo, trabalhando com mais empenho, ou ter maior espírito de serviço e de colegialidade. Outras vezes, centrava-se no oferecimento do trabalho por várias intenções: os amigos e os colegas, a paz no mundo, o Papa, o bispo de Madri, São Josemaria, os outros membros do Opus Dei.

Álvaro del Portillo aprendeu com São Josemaria que estas e outras práticas de piedade que constituíam o seu plano de vida não eram momentos isolados do seu dia, mas elementos vitais do seu esforço para transformar o trabalho, o descanso e todas as circunstâncias da sua vida em oração — não no sentido da recitação de fórmulas verbais, mas no da elevação da mente e do coração para Deus. Esforçava-se para ter consciência da presença de Deus durante todo o dia, recorrendo frequentemente ao Senhor, a sua Mãe, a São José e aos anjos da guarda. Para esse efeito, lançava olhares às muitas imagens de Nossa Senhora que havia nos edifícios e nas esquinas de Madri, aproveitando essas ocasiões para lhe dizer uma jaculatória; enquanto trabalhava, costumava ter um pequeno crucifixo em cima da escrivaninha, para sentir a presença de Deus; e invocava com frequência a proteção do seu anjo da guarda e dos anjos da guarda das pessoas com quem se cruzava.

Levava muito a peito a advertência de Cristo de que quem queira segui-l'O tem de tomar a sua cruz de cada dia, e vivia algumas práticas de penitência tradicionais no catolicismo, como o uso do cilício e das disciplinas. Mas o seu espírito de mortificação e de penitência exprimia-se essencialmente em pequenas mortificações ao longo do dia; assim, por exemplo, deixou de pôr sal nos ovos, comia fruta em vez de doce à sobremesa, só raramente bebia vinho e abstinha-se de tomar outras bebidas alcoólicas, não comia entre as refeições e, às refeições, esforçava-se por comer um pouco menos daquilo de que mais gostava e um pouco mais daquilo de que gostava menos.

Esforçava-se por ser pontual e evitava distrair-se durante o trabalho; controlava a imaginação e centrava a sua atenção no que tinha de fazer em cada momento;

suportava com alegria o calor e o frio, bem como as pequenas contrariedades de cada dia; mantinha o sorriso quando se sentia especialmente cansado ou doente, ou quando alguma conversa o maçava ou aborrecia. Na sua maioria, tratava-se de mortificações insignificantes, mas, vividas com persistência, ajudavam-no a amar a cruz de Jesus Cristo.

Por via destes esforços para se tornar um homem de oração e sacrifício, Álvaro fez rápidos progressos no sentido de se tornar, nas palavras de São Josemaria, «uma alma contemplativa no meio do mundo».

CAPÍTULO 5
Fugitivo e prisioneiro

Durante a primeira semana de julho de 1936, Álvaro e os outros membros do Opus Dei começaram a fazer a mudança da Academia e Residência DYA para um novo local da Rua de Ferraz. Ora, nesse preciso momento, estavam os oficiais do Exército a concluir os seus planos para o derrube do Governo. O Exército avançou a 17 de julho; o golpe falhou em Madri, mas o Governo perdeu rapidamente o controle das ruas da capital em favor das milícias armadas socialistas e anarquistas, que começaram a aterrorizar a população, saqueando e queimando igrejas e conventos, e prendendo e assassinando sacerdotes e religiosos, bem como todos quantos fossem conhecidos como católicos.

Na tarde de 19 de julho, Álvaro dirigiu-se, pelas ruas tumultuosas da cidade, para a nova sede da Academia DYA, que ficava mesmo em frente do quartel militar onde se tinham entrincheirado as forças rebeldes. De regresso a casa, foi detido por uma patrulha da milícia, que lhe descobriu um crucifixo no bolso; isso podia ter sido a sua sentença de morte, mas os milicianos autorizaram-no a seguir caminho.

Em fuga

Durante as primeiras semanas da guerra, Álvaro continuou a viver com os pais, e mesmo a conseguir participar na Missa diária até 26 de julho. A 13 de agosto, os milicianos entraram no prédio onde vivia a sua família, a fim de prenderem um general que ali vivia; o oficial não estava em casa, e a mulher fugiu para o apartamento dos Portillo, para onde os milicianos a seguiram de armas em punho. Quando viram Álvaro a mastigar qualquer coisa e lhe perguntaram o que era, ele respondeu calmamente: «Um papel»; tinha-o metido na boca para evitar que a informação nele contida fosse parar às mãos dos milicianos, mas respondera com tanta naturalidade que eles nem lhe prestaram atenção. Enquanto esperavam pelo general, os membros da milícia revistaram o apartamento dos Portillo e destruíram todas as imagens religiosas que encontraram; quando o general finalmente voltou para casa, prenderam-no, a ele e a Ramón del Portillo, que chegou ao mesmo tempo. O general foi fuzilado nesse mesmo dia. A família de Álvaro desconheceu durante vários meses o paradeiro do seu pai.

Por ser cidadã mexicana, a mãe de Álvaro conseguiu refugiar-se com os filhos mais novos na embaixada do México; mas Álvaro não foi autorizado a juntar-se a eles, por estar em idade de ser chamado para o serviço militar. Não estando disposto a combater num Exército que patrocinava ataques violentos à Igreja, corria o risco de ser preso não só como católico praticante, mas também como desertor. Impossibilitado de continuar a viver em sua casa, aonde os milicianos podiam ir a qualquer momento à sua procura, refugiou-se temporariamente em casa de uns amigos, que na altura se encontravam fora de Madri, juntamente com o seu irmão Pepe e um outro membro do Opus Dei, Juan Jiménez Vargas.

Certo dia, em meados de setembro, Álvaro lembrou-se de ir até ao gabinete onde trabalhava, e aí pôde mesmo levantar o seu salário. Quando regressava a casa, parou para beber uma cerveja numa esplanada — uma atitude temerária, que podia muito bem ter-lhe custado a liberdade, já que era frequente os milicianos pedirem os documentos às pessoas que encontravam em locais públicos. Nessa altura, porém, a cerveja foi providencial, porque, enquanto estava sentado na esplanada, passou por ali o pai de um outro membro da Obra que lhe disse que São Josemaria, que andava escondido há dois meses, tinha ido bater-lhe à porta a pedir refúgio. São Josemaria estava completamente exausto, mas não poderia ficar muito tempo naquela casa, porque o porteiro não era de confiança e podia denunciá-los. Álvaro foi imediatamente com ele e levou o fundador para a casa onde ele próprio estava alojado.

Álvaro, Pepe, Juan Jiménez Vargas e São Josemaria estiveram nessa casa até meados de setembro. São Josemaria pregava-lhes meia hora de meditação todas as manhãs; não tendo pão nem vinho para a consagração, não podia celebrar, mas dizia diariamente aquilo a que chamava «missa seca» e a que D. Álvaro se referiria muitos anos mais tarde do seguinte modo: «Repetia todos os rituais da Missa em cima de um piano de cauda, usando o terço como crucifixo, porque não havia crucifixos naquela casa; os símbolos religiosos tinham desaparecido por completo [...] porque quem fosse encontrado com uma imagem religiosa podia ser imediatamente fuzilado. [...] Não era uma missa a sério, porque não tinha pão nem vinho para a consagração. Rezava-a por simples devoção, omitindo as palavras da consagração por respeito. Quando chegava a altura da comunhão, fazia uma comunhão espiritual. Rezava a oração a pedir vocações. [...] Usava o Evangelho do chamamento dos apóstolos, que sabia de cor».

Uma vez que não dispunham de livros, não podiam ocupar o tempo a ler, pelo que São Josemaria tentava arranjar maneiras de os manter ocupados, a fim de evitar que se preocupassem; entre outras coisas, ensinou-lhes um jogo de cartas muito simples, que tinha aprendido na infância, e que eles não conheciam. Mas trapaceava às claras, tanto para os fazer rir, como para os ajudar a vencer a soberba, que se pode manifestar até num jogo de cartas sem importância.

No final de setembro, souberam que os milicianos tinham andado a revistar outras casas pertencentes à família que era proprietária daquele apartamento e, a 2 de outubro, aniversário da fundação do Opus Dei, abandonaram-no. Álvaro passou vários dias a circular de casa em casa, tendo como única bagagem uma escova de dentes e um pijama, que transportava enrolado à volta da cintura, por baixo da camisa. Ainda passou alguns dias em sua casa, mas a seguir conseguiu que lhe dessem asilo na Embaixada da Finlândia. Por seu turno, São Josemaria refugiou-se, a 6 de outubro, numa clínica psiquiátrica dirigida por um médico seu conhecido de há muitos anos.

Na prisão

Quando o exército nacionalista chegou aos arrabaldes de Madri, as autoridades governamentais e os chefes das milícias começaram a preocupar-se com a possibilidade de os refugiados nas várias embaixadas protagonizarem um levantamento contra a República; assim, a 5 de dezembro, as forças governamentais entraram em dois edifícios anexos à Embaixada da Finlândia e prenderam todos os que ali se encontravam refugiados, entre os quais Álvaro del Portillo, que foi levado para uma prisão improvisada instalada na antiga Escola de Santo Antão.

D. Álvaro quase nunca se referiu aos meses que passou na prisão, onde as condições eram extremamente duras. Os prisioneiros eram muito mal alimentados, e os guardas chegavam mesmo a misturar excrementos humanos na comida que lhes davam.

Os prisioneiros que não tivessem colchão tinham de dormir deitados diretamente no chão. Álvaro encontrou ali um dos seus antigos professores e, ao ver que ele não tinha onde dormir, deu-lhe o seu colchão e foi dormir no chão.

Era frequente os prisioneiros serem levados para fora da prisão e sumariamente executados. Um dia, um miliciano meteu um cigarro na boca de uma imagem de um santo, que ainda se encontrava no local onde tinha sido a capela do colégio; um dos prisioneiros avançou para tirar o cigarro da boca do santo e o guarda deu-lhe um tiro e matou-o ali mesmo. Em mais de uma ocasião, um guarda aproximou-se de Álvaro, encostou-lhe uma pistola à cabeça e disse-lhe: «Tu deves ser padre, porque usas óculos».

Álvaro del Portillo foi julgado a 28 de janeiro de 1937, e libertado no dia seguinte. Dessa vez, a embaixada mexicana, onde a mãe ainda vivia com os irmãos mais novos, acolheu-o temporariamente. Enquanto se encontrava na embaixada, soube que o pai estava preso na mesma cadeia de onde ele acabava de ser libertado. A mãe começou imediatamente a fazer diligências para tentar que as autoridades mexicanas solicitassem a sua libertação.

Álvaro permaneceu cerca de um mês na Embaixada do México, um período durante o qual foi ajudando os irmãos mais novos nos estudos; mas o embaixador acabou por lhe pedir que se fosse embora, por estar em idade de fazer o serviço militar. Depois de ter passado cerca de uma semana numa pensão, Álvaro refugiou-se na Legação de Honduras.

CAPÍTULO 6

Refugiado

A Legação de Honduras era um escritório consular situado no apartamento de um diplomata de San Salvador, que era o cônsul honorário da República das Honduras. Álvaro conseguiu refugiar-se nesse local graças às diligências feitas por José María González Barredo, outro membro do Opus Dei, que ali se encontrava refugiado há algum tempo. No dia seguinte à chegada de Álvaro, apareceu lá também São Josemaria, com o seu irmão Santiago; dias mais tarde, chegou Eduardo Alastrué, outro membro do Opus Dei, e no princípio de abril Juan Jiménez Vargas juntou-se ao grupo.

Tendo em consideração que várias embaixadas propriamente ditas tinham sido invadidas em dezembro, não se pode dizer que um escritório consular de uma pequena república da América Central fosse propriamente um refúgio seguro; mas sempre era mais seguro do que a maioria dos lugares. Aparentemente, havia a hipótese de o Governo republicano permitir que os refugiados nas sedes diplomáticas de Madri fossem evacuados dentro de pouco tempo; mas essas esperanças acabariam por ser vãs, e Álvaro del Portillo passaria ano e meio naquela legação.

A legação albergava quase uma centena de refugiados em instalações completamente desadequadas. No andar onde Álvaro vivia, havia um banheiro para 30 pessoas. As refeições, que consistiam essencialmente num tipo de feijão que em tempos de paz se dava aos animais, mal davam para um mínimo de subsistência; os feijões estavam muitas vezes infestados de insetos, e havia dias em que os refugiados não comiam mesmo nada.

A princípio, os membros da Obra estavam espalhados pelo apartamento, mas, em meados de maio, o cônsul atribuiu-lhes um cubículo minúsculo que devia ter sido um armazém de carvão; tinha cerca de 9 m^2, ou seja, era do tamanho de um pequeno quarto de um apartamento modesto. O quartinho tinha uma janela estreita, pela qual entrava tão pouca luz que mesmo durante o dia tinham de ter acesa a fraca lâmpada que pendia do teto. Os colchões eram umas almofadas fininhas que durante o dia eram enroladas e encostadas às paredes, para servirem de cadeiras.

Na sua maioria, os refugiados não faziam nada, para além de esperarem que a guerra acabasse, de se preocuparem com a possibilidade de as milícias invadirem a casa e os levarem presos, e de matutarem no que tinham perdido. Contudo, graças ao empenho de São Josemaria, Álvaro e os outros membros do grupo conseguiram imprimir um «ritmo de "normalidade" humana e sobrenatural» ao tempo que ali passaram. São Josemaria celebrava Missa todos os dias, usando uma mala como altar e um copo de vidro como cálice; depois da Missa, reservavam o Santíssimo Sacramento numa carteira de bolso, que iam guardando à vez. Quase todos os dias São Josemaria pregava-lhes uma meditação de meia hora antes da Missa; e a sua fé, o seu otimismo sobrenatural e o seu bom humor ajudavam a converter aquele quarto minúsculo num oásis de paz e mesmo de alegria.

Urgia-os a ultrapassar a ideia de que «para negociar com os talentos que recebemos de Deus, temos de estar ativos, em movimento. [...] Não te esqueças de que podes ser um vulcão coberto de neve, em que o gelo do exterior contrasta com o fogo que te devora por dentro. É verdade que, por fora, estás coberto com o gelo da monotonia e da obscuridade; exteriormente, pareces estar preso. Mas interiormente és consumido pelo fogo e não te cansas de compensar a falta de atividade exterior com uma intensíssima atividade interior. [...] Com base neste nosso trabalho, que parece tão pobre, há de ser erigido um edifício maravilhoso, que há de durar pelos séculos fora».

D. Álvaro e os outros tentavam aproveitar o tempo, principalmente estudando línguas, em preparação para a futura expansão do Opus Dei; Álvaro estudou japonês e alemão. Naquelas circunstâncias, em que nem sequer podiam sair de casa, estarem a preparar-se para ir para outros países era um verdadeiro ato de fé e esperança.

Todos os dias Álvaro assistia à Missa, fazia meia hora de oração mental, rezava o «Terço», fazia leitura espiritual e observava as outras práticas de piedade que constituem o plano de vida de um membro da Obra. Qualquer outra pessoa que passasse pela mesma situação teria certamente considerado que as condições de vida na legação já eram suficientemente duras; Álvaro, porém, impulsionado pelo exemplo de São Josemaria, tentava fazer pequenas mortificações ao longo do dia, nomeadamente cumprir rigorosamente o horário, receber as contradições com um sorriso, atrasar a ingestão de água apesar do calor sufocante do verão, e muitas outras.

Durante a sua longa estada na legação, Álvaro deu mostras de grande equilíbrio interior e espírito sobrenatural. Esquecido de si próprio, procurava praticar atos de serviço aos outros: ofereceu-se para tratar da contabilidade do consulado; suportava com alegria sincera a fome e o frio que sofriam, evitando queixar-se do que lhes faltava; e, nas suas cartas aos membros da Obra que tinham sido apanhados em Valência pela eclosão da guerra, transmitia as preocupações e os conselhos de São Josemaria.

A meio de junho de 1937, Álvaro e os outros foram informados de que as suas esperanças de serem evacuados da legação se tinham gorado por completo. E também não parecia haver razões para suporem que a guerra viesse a terminar em breve; com efeito, embora as tropas nacionalistas estivessem gradualmente a ocupar novos territórios, o equilíbrio entre os dois lados mantinha-se essencialmente inalterado.

O terror dos primeiros tempos da guerra tinha-se praticamente dissipado. Na posse de documentos comprovativos de que era funcionário da legação, São Josemaria podia então circular pela cidade com relativa segurança, embora sem exercer publicamente o seu ministério. Nessas circunstâncias, decidiu que não podia continuar ali fechado e, a 31 de agosto, mudou-se para uma pensão.

São Josemaria considerou que seria um perigo Álvaro abandonar a legação, dado que podia ser preso como desertor; mas os outros começaram a sair e, no final de outubro, Álvaro e José María González Barredo eram os únicos que ainda ali se encontravam.

Entretanto, o pai de Álvaro tinha sido libertado e refugiara-se na Embaixada do México, juntamente com a mulher; mas estava muito doente, com uma tuberculose da laringe. Disfarçado de enfermeiro, São Josemaria visitava-o com regularidade, e administrou-lhe a Unção dos Enfermos com os santos óleos, que levava numa seringa. Embora tivesse evidentemente uma grande vontade de ver o pai, Álvaro acatou a opinião de São Josemaria, que considerava muito perigoso ele deixar a legação. Ramón morreu a 14 de outubro, acompanhado por Isidoro Zorzano. Uma semana depois, a mãe de Álvaro partiu de Madri e foi instalar-se em Burgos, em zona nacionalista; algum tempo depois, São Josemaria também partiria de Madri, na companhia de alguns membros da Obra, tendo conseguido fugir para Burgos pelos Pireneus.

Quando saiu de Madri, São Josemaria deixou Isidoro Zorzano à frente do Opus Dei na cidade. Ao longo dos nove meses que se seguiram, Álvaro solicitou repetidamente a Isidoro que o autorizasse a sair da legação, alistar-se no exército republicano e tentar escapar pela frente de batalha para a zona nacionalista; mas Isidoro recusou sempre, até que, em julho de 1938, o autorizou a sair.

Por outro lado, Álvaro estava constantemente a investigar e a propor a Isidoro formas de sair da legação e chegar a Burgos sem passar pela frente. Um dos seus planos consistia em obter certidões de nascimento de pessoas de outras nacionalidades, a fim de conseguir passaportes que lhe permitissem sair da capital; chegaram a conseguir umas certidões de nascimento cubanas e apresentaram-nas na Embaixada de Cuba, mas a embaixada recusou-se a aceitá-las e o plano frustrou-se.

Por vezes, Álvaro tinha a sensação de que não estava a fazer tudo o que estava ao seu alcance para se juntar a São Josemaria e ajudá-lo no desenvolvimento do Opus Dei. O desejo de tentar a sorte atravessando a frente de batalha era muito intenso, mas obedeceu, embora com muita dificuldade. Custava-lhe lutar contra aquela sensação de rotina e monotonia; mas agarrava-se à convicção de que «embora não façamos nada, não teremos perdido o nosso tempo se fizermos tudo o que está ao nosso alcance. [...] O nosso objetivo é ajudar o Padre[1]. E fá-lo-emos pela

[1] Os membros do Opus Dei tratavam São Josemaria por «Padre», e era assim que se lhe referiam: «o Padre». São Josemaria determinou que a pessoa que estivesse à frente da Obra fosse sempre tratada por «Padre». Depois da sua

simples razão de fazermos o que podemos para sairmos daqui. Por isso, aconteça o que acontecer, estamos muito felizes».

Em março de 1938, Eduardo Alastrué, que tinha saído da legação no final de outubro, voltou para lá, dado que não tinha conseguido sair de Madri. Para Álvaro, a presença de Eduardo foi um novo estímulo para ter uma vida de oração ainda mais exigente e para aproveitar muito bem o tempo. Como escreveu numa carta, ajudou-o a ultrapassar «a monotonia que este ambiente esteve quase a introduzir na nossa vida. E a nossa vida nunca pode ser monótona, porque é uma luta constante, embora com pequenas escaramuças. Reorganizámos a nossa vida, aumentando o número de horas diárias de estudo. [...] Começamos a ler o Evangelho de São Mateus, conversando entre os três sobre aquilo que lemos. [...] Mesmo quando parece que a ação é totalmente impossível, há um campo imenso de atividade à espera de quem realmente o queira».

À medida que os meses iam passando, as sucessivas viragens na Guerra Civil iam tornando menos sombrias as perspectivas de passagem pela frente; uma das pessoas que tinham estado refugiadas no consulado conseguira escapar para a zona nacionalista por essa via. Isidoro Zorzano estava informado disso, mas continuava a dizer que não; até que, certo dia, enquanto fazia a sua oração, recebeu uma iluminação sobrenatural de Deus indicando-lhe que Álvaro e outros atravessariam a frente a 12 de outubro de 1938, festa de Nossa Senhora do Pilar. São

---

morte, poderia gerar-se alguma confusão, por não se saber se «o Padre» referia o fundador ou o prelado que ocupasse o cargo em cada momento; para evitar que isso acontecesse, D. Álvaro sugeriu que o fundador fosse referido pela designação «o nosso Padre», e o prelado de cada momento por «Padre».

Josemaria recebeu uma indicação idêntica na sua oração, e informou a mãe de Álvaro de que o filho atravessaria a frente a meio de outubro.

A travessia da frente

Isidoro autorizou Álvaro a deixar a legação e a tentar atravessar a frente, mas sem fazer referência à indicação que tinha recebido na oração. A 2 de julho de 1938, Álvaro saiu da legação. O seu plano era alistar-se no exército republicano e atravessar a linha da frente. A primeira etapa consistia em alistar-se sem ser preso como desertor; com efeito, o Governo republicano tinha convocado todos os homens entre os 18 e os 31 anos de idade e Álvaro, que tinha 24 anos, devia ter-se alistado há muito tempo. Mesmo que conseguisse alistar-se sem ser preso, tinha de ser enviado para uma unidade que estivesse a combater na linha da frente se queria ter alguma esperança de passar para o outro lado.

A única documentação que possuía era um bilhete de identidade que o sindicato anarquista tinha emitido para o seu irmão José. Da primeira vez que se apresentou num centro de recrutamento, Álvaro declarou que se chamava José e que tinha 18 anos; o oficial de recrutamento percebeu imediatamente que ele tinha mais de 18 anos e destinou-o a um batalhão disciplinar. Quando passaram à fase seguinte do processo, que consistia em verificar o nome dele no registo, encontraram o nome de outro irmão, Ángel, pertencente à classe de recrutamento a que Álvaro afirmava pertencer. Desconcertado, o oficial perguntou-lhe a data de nascimento e Álvaro, apanhado de surpresa, deu-lhe a data verdadeira, 14 de março.

— Mas aqui diz 14 de fevereiro — replicou o oficial.

— Isso é o meu irmão. Como pode ver, aí diz Ángel e não José, que sou eu.

— Mas, se vocês são irmãos, como é que podem ter nascido no mesmo ano?

— Somos gêmeos.

O oficial começou a preencher outro formulário.

— Data de nascimento?

— 14 de fevereiro — respondeu Álvaro.

— Mas não foi isso que disseste há pouco.

— Ó homem, eu não sei o que disse há pouco, mas tenho a certeza de que, se somos gêmeos, eu nasci no mesmo dia que o meu irmão.

O oficial já estava tão confuso que não o incomodou mais e enviou-o para um batalhão normal, em lugar do batalhão disciplinar. O problema era que este batalhão não estava destinado à frente, pelo que Álvaro não teria possibilidades de passar para a zona nacionalista; assim sendo, desertou imediatamente.

Tendo conseguido obter um bilhete de identidade em seu nome, passou o de José a Vicente Rodríguez Casado, outro membro da Obra, que se tinha refugiado na Embaixada da Noruega. Com o novo documento de identidade, cujo nome alterara para Álvaro Rostillo, Álvaro apresentou-se então noutro centro de recrutamento, e dessa vez declarou que tinha 31 anos. «Pedi aos anjos da guarda que tratassem das coisas, para que não percebessem que eu estava a mentir, e correu tudo muito bem». Porém, foi novamente colocado numa unidade que não estava destinada a ir para a frente, pelo que voltou a desertar.

Vicente Rodríguez Casado e Eduardo Alastrué também tentaram alistar-se, cada um no seu posto de recrutamento, mas em vão. Tendo em consideração os sucessivos fracassos, chegaram os três à conclusão de que «o Senhor quer que nos entreguemos completamente nas suas mãos. [...] Como não vemos que outros meios humanos podemos empregar, a única coisa que nos resta fazer é esperar que Ele, que sabe mais, empregue meios divinos para nos conduzir, como que pela mão, aonde quer que nós vamos, já que nós estamos cegos».

A 18 de agosto, Álvaro voltou a apresentar-se num posto de recrutamento, dessa vez com o nome de Juan Álvaro Cortillo, e foi mandado para uma companhia que partiria para a frente seis dias depois. A 24 desse mês, conseguiu participar numa Missa clandestina celebrada em casa de uma família cubana, de onde partiu para destino desconhecido.

No final de agosto, Álvaro foi destinado a outra unidade, onde se reuniu a Vicente Rodríguez Casado; semanas depois, Eduardo Alastrué foi destinado à mesma unidade. Num exército constituído por centenas de milhares de homens, estes três, que se tinham alistado em momentos diferentes e em centros de recrutamento diferentes, foram parar ao mesmo regimento, ao mesmo batalhão, à mesma companhia e à mesma brigada.

Todos estavam cientes de que atravessar a frente era extremamente arriscado; eram mais as pessoas que morriam do que aquelas que conseguiam fazê-lo, e já vários amigos deles tinham morrido. Mas confiavam na Providência Divina. Sempre que se ouviam boatos de que a unidade ia ser transferida, os outros soldados especulavam interminavelmente sobre o destino que lhes caberia em sorte, mas os três membros da Obra quase não participavam nessas conversas. «Não estamos minimamente preocupados, porque sabemos que, para onde quer que nos levem, será o melhor lugar possível para atravessar a linha da frente».

A 2 de outubro de 1938, dia do décimo aniversário da fundação do Opus Dei, Álvaro pediu autorização para ir a Madri por motivos pessoais. Nessa altura, não só teve oportunidade de comungar, como pôde levar consigo hóstias consagradas, a fim de que tanto ele como os outros dois membros da Obra comungassem diariamente. Foi também nessa altura que Isidoro lhe comunicou que o Senhor lhe dera a entender que alcançariam a zona nacionalista a 12 de outubro, festa de Nossa Senhora do Pilar.

Durante os dias seguintes, andaram com o Santíssimo na carteira de bolso de Álvaro, que guardavam à vez. Ao final da tarde, iam dar uma volta, durante a qual faziam uma visita ao Santíssimo; no relato que escreveu dessa fuga, Álvaro observou: «Vivíamos intensamente a força e a verdade da narrativa evangélica dos discípulos de Emaús: "Não sentíamos o coração arder-nos dentro do peito no caminho?" Para evitarmos sujeitar Nosso Senhor às blasfêmias e obscenidades que se ouviam frequentemente ao fim do dia, quando os homens iam descansar, aquele que andava com o Santíssimo no bolso durante o dia ia dar um passeio até os companheiros adormecerem todos».

Comentando uma marcha de cerca de 15 km que fizeram a 9 de outubro, escreveu Álvaro: «Paragens, soldados que se perdem, rapazitos que juram que não podem mais. [...] Mas nós temos o Senhor connosco, e graças a isso temos expressões de afeto e confiança, ações de graças, trocas de palavras entusiasmadas. [...] Que longa marcha para os outros, e que curta para nós!».

A 10 de outubro, chegaram à linha da frente. Na manhã seguinte, Álvaro, Vicente e Eduardo receberam ordens para ir comprar mantimentos a uma cidade vizinha e, com esse pretexto, abandonaram a unidade e deram início à fuga. Passaram a noite de 11 de outubro numa gruta e, na manhã seguinte, aproximaram-se da pequena cidade de Cantalojas no momento em que os sinos da igreja começavam a tocar, assinalando a festa de Nossa Senhora do Pilar. Dois pastores armados, que tinham ordens para disparar sobre qualquer desconhecido que vissem aproximar-se vindo das linhas inimigas, detectaram-nos mas não dispararam sobre eles. Depois de terem sido certificados pelo pai de Vicente, que era coronel do exército nacionalista, chegaram a 14 de outubro a Burgos, onde foram cumprimentar São Josemaria e onde Álvaro pôde abraçar a mãe.

CAPÍTULO 7

Oficial de engenharia

Enquanto esperava pela sua primeira nomeação para o exército nacionalista, Álvaro permaneceu em Burgos, junto da família, de São Josemaria e dos outros membros da Obra — poucos — que viviam na capital nacionalista; passava o dia na companhia de São Josemaria e dos outros e ia dormir a casa da mãe. Para além de assistir às meditações, ao recolhimento e às palestras de formação ascética que São Josemaria lhes dava, tinha longas conversas pessoais com o fundador, em que este lhe revelava aspectos da sua própria vida espiritual e mesmo as suas experiências místicas. Certo dia, São Josemaria disse-lhe que há vários dias vivia na chaga da mão direita do Senhor; e que se apercebia do fluxo do sangue de Cristo, que o purificava e o modificava, atraindo-o para a chaga do seu lado. Estas revelações sobre a vida de oração de São Josemaria eram um incentivo para Álvaro aprofundar a sua própria vida de oração.

Aproveitou o seu tempo livre em Burgos para escrever um relato da travessia da frente; ajudou a preparar os boletins que São Josemaria enviava regularmente aos membros da Obra e aos seus amigos; e começou a escrever a várias pessoas, solicitando livros para a biblioteca da residência que a Obra tinha a expetativa de abrir em Madri assim que terminasse a guerra.

Na academia de oficiais

A 10 de novembro, entrou para a academia de formação de oficiais, localizada na pequena cidade de Fuentes Blancas, perto de Burgos. Na Segunda Guerra Mundial, o exército americano dava um curso de formação de 90 dias aos seus oficiais, mas a pressão da Guerra Civil levou o exército nacionalista a encurtar essa formação para 60 dias. Durante esses dois meses, Álvaro foi crescendo em vida interior e aproximou de Cristo muitos oficiais seus colegas.

O coronel que dirigia a academia deu-lhe autorização oficiosa para sair da base e ir à Missa, mas avisou-o de que, se a polícia militar lhe perguntasse o que andava a fazer fora da base, não reconheceria que fora ele quem o autorizara. Para ir diariamente à Missa num mosteiro de cartuxos das redondezas, Álvaro tinha de se levantar muito antes do nascer do dia e de percorrer vários quilômetros a pé em estradas cheias de buracos, frequentemente com um frio imenso, evitando os cães de guarda das chácaras. Mas o seu exemplo impressionou tanto alguns colegas que eles começaram a acompanhá-lo e, passados dois meses, eram já 30 os candidatos a oficiais que frequentavam a Missa diária. Outro colega, que Álvaro convidou a juntar-se-lhes, foi uma vez, mas decidiu que levantar-se a meio da noite para ir à Missa era demais, e desistiu; contudo, alguns meses depois do fim da guerra, pediria a admissão no Opus Dei.

Álvaro dava explicações particulares a vários candidatos que tinham dificuldade em acompanhar as partes mais teóricas daquela formação. Escrevia frequentemente aos outros membros da Obra e aos seus amigos, e as suas cartas refletem um desejo ardente de reiniciar o apostolado do

Opus Dei em condições normais; por outro lado, recordava àqueles a quem escrevia que rezassem em especial pelo fundador da Obra: «Lembra-te especialmente do Padre, que tem tanto trabalho entre mãos. Nós, os que nos encontramos mais perto dele, seja por que razão for, temos a obrigação de o ajudar em tudo o que pudermos. E a primeira forma de o ajudarmos, como sabes tão bem como eu, é através da nossa oração e da nossa mortificação». Sempre que podia, ia a Burgos para estar com a família e com São Josemaria.

O primeiro destino: Cigales

A 1 de janeiro de 1939, Álvaro foi nomeado segundo tenente provisório do corpo de engenheiros e ordenaram-lhe que, dentro de 10 dias, se apresentasse num regimento de Valladolid. Entretanto, preencheu toda a documentação para ser readmitido no corpo de engenheiros técnicos e visitou vários membros da Obra que se encontravam naquela zona.

Entretanto, a guerra começava a esmorecer. Os nacionalistas tinham lançado uma ofensiva na Catalunha que dentro de pouco tempo levaria à ocupação de Barcelona. Álvaro não participaria nos combates; trabalhou na reconstrução de pontes e estradas, primeiro em Valladolid, depois na pequena cidade de Cigales, e ainda, entre abril e junho, em Olot, outra pequena cidade localizada nas montanhas a norte de Barcelona, na fronteira com a França.

Alguns dias depois de ter chegado a Cigales, recebeu uma carta de São Josemaria em que este lhe dizia, entre outras coisas: «Temos tantas coisas importantes para fazer! Não podemos obstruí-las com infantilidades que não são próprias de homens feitos. Garanto-te que Jesus espera grandes serviços de ti e de mim, e não tenho dúvida de que Lhos prestaremos. Nos últimos dias, tenho pedido insistentemente ao Senhor que volte a dar o entusiasmo pelas coisas da Obra aos membros da nossa família que talvez o tenham perdido; ajuda-me a pedir-Lhe isto e a obtê-lo».

Álvaro impôs-se um horário rigoroso que lhe permitia viver plenamente o plano de vida de um membro do Opus Dei, cumprir os seus deveres de oficial, estar com os amigos, escrever cartas e ainda prosseguir os seus estudos de alemão e de japonês.

Embora tenha estado pouco tempo em Cigales, conquistou rapidamente uma excelente reputação, não só entre os seus camaradas militares — que, entre outras coisas, admiravam a ousadia com que mergulhava do alto das rochas para a água —, mas também entre os habitantes da cidade. Em certa ocasião em que era preciso fazer um discurso e o presidente da câmara estava ausente, pediram-lhe que o substituísse; e o sucesso foi tal que Álvaro foi levado em ombros do estrado de onde discursara.

Foi por esta altura que São Josemaria começou a tratá-lo por «*Saxum*», que significa «Rocha», nas suas cartas. Numa das que lhe escreveu, a ele e a Vicente Rodríguez Casado, datada de 13 de fevereiro, o fundador observava: «*Saxum!* Confio na fortaleza da minha rocha». E, a 23 de março: «Que Jesus te guarde por mim, *Saxum*. Sei que é isso que és. Vejo que o Senhor te concede fortaleza, tornando operativa esta minha palavra: *saxum!* Graças Lhe sejam dadas por isso, e tu sê-Lhe fiel». Dois meses mais tarde, recordava-lhe a missão que o esperava: «*Saxum!* Que claro vejo o caminho — o longo caminho — que ainda tens pela frente! Branco e fecundo, como um campo maduro. Abençoada fecundidade do apóstolo, mais bela que todas as coisas belas do mundo. *Saxum!*». No final de junho, em carta dirigida a Álvaro, Vicente e Eduardo Alastrué, dizia: «Sei que se portam bem, e que tenho três rochas nos três. *Saxum!*».

Em resposta à insistência com que São Josemaria lhe chamava rocha, Álvaro respondeu, a 12 de julho: «Aspiro a que possa confiar — apesar de tudo — neste que, mais do que uma rocha, é barro de bilha. Mas o Senhor é tão bom!».

São Josemaria juntou as obras às palavras e começou a confiar cada vez mais em D. Álvaro: solicitava-lhe que escrevesse aos outros membros da Obra e que os visitasse sempre que possível, para os animar; e pedia-lhe conselhos. Por exemplo, quis saber o que achava de pedir a sua mãe e a sua irmã que se encarregassem das tarefas domésticas da residência do Opus Dei que tinha a esperança de poder abrir em Madri no final da guerra.

Olot

A guerra terminou oficialmente a 1 de abril de 1939, mas Álvaro só seria desmobilizado cinco meses depois. Entre 19 de abril e 28 de julho, trabalhou na cidade de Olot, localizada nos Pireneus, cerca de 60 km a norte de Barcelona, na reconstrução de estradas e pontes. Vicente e Eduardo tinham sido colocados no mesmo regimento, por influência do pai de Vicente, um coronel que estava colocado no quartel-general dos nacionalistas.

Álvaro foi morar, por indicação do exército, para casa de uma senhora da cidade, a quem o rapaz pareceu o par ideal para a filha; tentou por isso colocá-lo numa situação comprometedora, que o forçasse a casar-se com ela. São Josemaria, que se encontrava em Madri, percebeu que Álvaro se encontrava em dificuldades e pediu às pessoas que estavam com ele que rezassem um «Lembrai-vos» por uma pessoa que precisava de ajuda naquele momento. Sentindo uma moção interior, Álvaro saiu imediatamente daquela casa, antes que acontecesse alguma coisa. Posteriormente, São Josemaria escreveria em *Sulco*: «Comunhão dos Santos... Bem a sentiu aquele jovem engenheiro, quando afirmou: "Padre, em tal dia, a tal hora, estava a pedir por mim!"». Desde então, é um costume do Opus Dei recitar frequentemente a oração «Lembrai-vos» pelo membro da Obra que mais precise nesse momento.

Álvaro aproveitava todas as oportunidades para estar com São Josemaria. Tendo pedido uma licença na segunda semana de junho, meteu-se ao caminho para chegar a uma cidade perto de Valência, onde o fundador estava a pregar um retiro. Esta cidade ficava a pouco mais de 200 km, mas as vias de comunicação tinham ficado tão destruídas pela guerra que ele levou 48 horas a chegar. Percebendo que Álvaro estava exausto, São Josemaria sugeriu-lhe que fosse deitar-se, mas Álvaro insistiu em assistir à meditação que o Padre pregaria a seguir; porém, assim que se sentou no oratório, adormeceu e começou a ressonar. Muitos dos presentes ficaram incomodados com aquele jovem militar que acabava de aparecer em cena e se portava daquela maneira, ressonando no oratório. Mas São Josemaria ficou comovido com o desejo de formação de Álvaro, e não teve dúvida nenhuma de que aquela meia hora que ele tinha passado a dormir subira ao céu sob a forma de oração.

Enquanto oficial, Álvaro tinha o cuidado de providenciar para que os soldados casados que tinha sob o seu comando obtivessem licenças sempre que possível, a fim de poderem estar com a família; e tentava contrariar as conversas blasfemas e obscenas e dissuadir os seus homens de frequentarem bordéis. Quando via que os seus argumentos não os convenciam, aproveitava-se de haver muitos bandidos naquela zona e ia postar-se no caminho que eles fariam; ao vê-los aproximarem-se, disparava vários tiros para o ar e os soldados, receosos de estarem prestes a ser assaltados, voltavam para o quartel.

Embora não tivesse comandado a sua unidade mais do que uns quantos meses, conquistou o afeto dos seus homens; quando se soube que tinha sido transferido para Madri, um deles escreveu numa parede: «Soldados, não choreis pela partida do tenente Portillo. Que pai perdemos nele!».

Durante aqueles meses, também fez amizade com um bom número de oficiais, nomeadamente Fernando de la Puente, um engenheiro industrial que viria a ser um pintor de renome. Os dois homens costumavam ir montar para o campo. Quando viam um muro de pedra, Álvaro observava: «Quero ver se o cavalo consegue saltá-lo»; e partia a galope para tentar saltar o referido muro; não querendo ficar para trás, de la Puente fechava os olhos e ia atrás dele, cheio de medo de se matar a qualquer momento. Quando, posteriormente, lhe perguntaram por que razão tinha pedido a admissão na Obra, respondeu que estava tão habituado a ir atrás de Álvaro naqueles saltos malucos que decidira segui-lo também na vocação.

Em julho de 1939, Álvaro foi transferido para Madri e, a 3 de setembro, foi dispensado do exército e retomou a vida civil. Ficou radiante por poder regressar à capital, onde poderia contribuir diretamente para o recomeço do apostolado do Opus Dei.

CAPÍTULO 8
Saxum

Nos dois anos que se seguiram à dispensa do exército, Álvaro demonstrou que a confiança que São Josemaria depositara nele era inteiramente justificada: continuou a trabalhar como engenheiro técnico para o Ministério das Obras Públicas e concluiu o curso de Engenharia Civil; além disso, ajudou a instalar a nova residência de estudantes que substituiu a que tinha ficado reduzida a escombros durante a Guerra Civil, contribuiu de forma decisiva para a expansão das atividades apostólicas do Opus Dei em Madri e noutras cidades da Espanha, ajudava a formar os novos membros e colaborava intensamente com São Josemaria no desenvolvimento e no governo da Obra.

Um jovem engenheiro

Álvaro trabalhou como engenheiro técnico no Ministério das Obras Públicas entre setembro de 1939 e julho de 1941; durante esse período, grande parte da sua atividade consistiu em projetar pontes destinadas a substituir as que tinham sido destruídas no decurso da Guerra Civil. Tradicionalmente, o ministério adaptava os horários de trabalho dos seus engenheiros técnicos que estivessem a fazer o curso superior de Engenharia, e estas disposições mantiveram-se depois da guerra; mas a verdade é que nessa altura se tornou mais difícil compatibilizar as duas atividades, uma vez que os horários da faculdade de Engenharia tinham sido incrementados, dada a premente necessidade de engenheiros.

Durante a Guerra Civil, todas as escolas de ensino superior tinham suspendido as suas atividades, e havia três anos que não se formavam engenheiros na Espanha; por outro lado, muitos engenheiros já no ativo tinham sido mortos ou feridos durante a guerra, e havia uma enorme necessidade destes profissionais para a reconstrução das infraestruturas do país. Para responder a essa procura com a maior brevidade possível, a faculdade de Engenharia criou um programa especial, a fim de que os alunos pudessem fazer dois anos num só.

Em setembro de 1939, Álvaro deu início ao seu 3º ano de Engenharia sob esse novo programa, que concluiu em março de 1940; depois de um curtíssimo período de férias, matriculou-se no 4º ano, que decorreu entre abril e outubro de 1940. As aulas do 5º e último ano começaram em novembro. Antes de dar início a este último ano, Álvaro comunicou a São Josemaria que estava disposto a desistir do curso, embora lhe faltasse apenas um ano para o concluir, a fim de poder dedicar mais tempo às tarefas da Obra; mas São Josemaria disse-lhe que acabasse o curso.

Fazer três anos do curso de Engenharia mais um projeto final em apenas dois anos, mantendo simultaneamente um emprego como engenheiro técnico, teria sido mais do que suficiente para qualquer pessoa. Mas Álvaro ainda conseguia arranjar tempo para fazer viagens frequentes com vista à difusão do Opus Dei e passar muitas horas a colaborar com São Josemaria na expansão e no governo da Obra.

Estas atividades suplementares, para além de lhe retirarem tempo de estudo, impediam-no muitas vezes de assistir às aulas. Era habitual os professores recusarem-se a admitir a exame os alunos que tivessem dado mais do que umas quantas (normalmente poucas) faltas, e havia um deles que só admitia três faltas injustificadas. Ora, Álvaro tinha faltado a muito mais do que três aulas e os colegas estavam convencidos de que esse professor — que era muito temido por todos — não abriria exceções. Álvaro conseguiu convencê-lo a admiti-lo a exame mas, como os exames eram orais, os colegas estavam à espera de que o professor o chumbasse, mesmo que ele respondesse a todas as perguntas. Acontece que Álvaro passou nessa cadeira e, no final de julho, tinha concluído todos os exames, bem como o projeto final.

A 15 de julho de 1941, pouco depois de se formar, D. Álvaro foi contratado como engenheiro pelo Ministério das Obras Públicas; mas pediu a demissão quase logo a seguir, a fim de ter mais tempo para colaborar com São Josemaria. Tratou-se de uma decisão heroica por muitos motivos, uma vez que tinha finalmente alcançado o seu objetivo de ser engenheiro civil: o cargo era prestigiado e abria caminho para uma carreira brilhante. Por outro lado, o Opus Dei era ainda, nessa altura, apenas um grupinho de jovens que se reuniam em torno de São Josemaria e, embora contasse com o apoio do bispo de Madri, não tinha uma posição formal dentro da Igreja; contava como seus membros uma dúzia de rapazes, quase todos muito jovens, e as suas atividades eram extremamente limitadas. Apesar de tudo isto, Álvaro prescindiu alegremente da sua carreira para ajudar São Josemaria a edificar a Obra.

Viagens apostólicas

Desde os primórdios da Obra, em 1928, que São Josemaria pensava na sua expansão por todo o mundo. Em 1936, contando apenas com um punhado de pessoas, tinha feito planos para dar início ao trabalho em Paris e em Valência; mas o começo da Guerra Civil gorou esses planos. E depois, mal terminou esse conflito, Hitler invadiu a Polônia, dando início à Segunda Guerra Mundial e atrasando uma vez mais a expansão da Obra para fora da Espanha.

Mas, se o Opus Dei não podia ir para outros países, podia pelo menos iniciar as suas atividades apostólicas noutras cidades da Espanha. Assim, o fundador e os primeiros membros da Obra começaram rapidamente a fazer viagens de fim de semana a Valência, Saragoça, San Sebastian e Barcelona, onde se encontravam com universitários a quem explicavam o espírito da Obra e ajudavam a pô-lo em prática. A princípio, Álvaro acompanhava São Josemaria nessas viagens, mas o fundador chegou rapidamente à conclusão de que a sua inteligência, a sua maturidade, o seu bom espírito e as suas virtudes lhe permitiriam assumir por inteiro a responsabilidade das atividades de fim de semana numa cidade, enquanto ele próprio ia a outra cidade ou permanecia em Madri. Assim, entre setembro de 1939 e setembro de 1941, Álvaro passou 200 dias na estrada, a difundir a mensagem do Opus Dei, e a formar e apoiar os jovens que pediam admissão na Obra em cada vez maior número.

Essas viagens eram extremamente fatigantes. Em geral, Álvaro saía de Madri, na companhia de mais três ou quatro membros da Obra, no sábado depois das aulas ou do emprego, e passavam a noite nos bancos de madeira de um compartimento de terceira classe de um trem decrépito; muitas vezes, Álvaro aproveitava uma boa parte dessas noites para estudar, à luz mortiça do comboio em movimento. Ao domingo, ele e os outros conversavam com gente nova e davam aulas e palestras sobre o espírito do Opus Dei, regressando a Madri no trem da noite e chegando à cidade na segunda-feira de manhã, a tempo de dar início a uma nova semana de trabalho.

Um jovem universitário que ouviu uma das palestras que Álvaro deu em Valladolid numa dessas viagens recordaria posteriormente as suas impressões: «Álvaro falou detalhadamente da vida de piedade que se levava no Opus Dei, insistindo na união com Deus através da oração e dos sacramentos, numa vida espiritual intensa sem fazer coisas estranhas, sem ostentação, numa piedade sólida sem manifestações exteriores. Que um padre dissesse uma coisa destas já seria novidade; mas que fosse um sujeito normal a dizê-las, em especial um sujeito que estava a concluir o curso de Engenharia Civil, que na altura, na Espanha, era a aristocracia do mundo universitário, era motivo de enorme surpresa».

Naquela altura, a disciplina da Igreja impunha o jejum de alimentos e água desde a meia-noite do dia anterior para se poder comungar. Passar duas noites num comboio, sem dormir e sem poder sequer beber água durante o verão espanhol, era uma enorme mortificação; no entanto, Álvaro regressava a casa sorridente e otimista quanto aos frutos daqueles dias. Graças à sua generosidade, e à generosidade dos outros membros da Obra que o acompanhavam, as vocações jovens foram aparecendo em grande número, e em breve foi possível abrir centros da Obra em Valência, Valladolid e Barcelona.

Apoio aos outros membros da Obra

Até ao final da Guerra Civil, São Josemaria dirigia pessoalmente e formava todos os membros do Opus Dei, bem como outros estudantes que participavam nos trabalhos apostólicos da Obra. No período que se seguiu à guerra, o crescimento e a expansão da Obra para fora de Madri tornaram necessário que outros se encarregassem de uma parte dessa responsabilidade, e D. Álvaro foi o primeiro a quem o fundador confiou o acompanhamento espiritual dos outros membros.

Nesta tarefa de os ajudar a compreender a Obra e a viver melhor o seu espírito, D. Álvaro esforçava-se, acima de tudo, nas palavras do seu sucessor, «por ajudá-los a estarem muito unidos a São Josemaria, porque ele era o instrumento de que o Senhor Se tinha servido para fundar o Opus Dei, ao qual eles tinham sido chamados». Álvaro estava seguro de que o Opus Dei era — literalmente — uma Obra de Deus, e de que lhe competia transmitir aos outros o espírito que São Josemaria d'Ele tinha recebido.

Podemos ficar com uma ideia dos conselhos que lhes dava lendo as cartas que escrevia aos membros da Obra que viviam fora de Madri, a quem animava a colocar a meta muito alta e a aspirar à verdadeira santidade. Numa dessas cartas escrevia, por exemplo: «Cada um de nós tem a obrigação inequívoca de aspirar a muito alto. [...] É essencial que sejamos o que temos de ser, que nos habituemos a dizer que não, que sejamos fiéis nas coisas mais pequenas». E, não contente com estas exortações genéricas, descia aos pormenores práticos da maneira de viver o espírito do Opus Dei em circunstâncias específicas.

Álvaro sabia ser muito claro e exigente; numa carta, disse ao seu destinatário que não havia justificações para «nos sentirmos tristes ou sozinhos, nos queixarmos sobre o que não nos parece correr bem, ou para darmos importância de maior às doenças»; e prosseguia: «Não é verdade que Jesus nos ama? Então? Tudo é bom porque o nosso Deus é bom. Portanto, temos de estar sempre alegres! A alegria não tem de ser uma sensação física. É uma paz interior, que deve refletir-se no exterior, por amor de Deus e por amor àqueles que nos rodeiam».

Animava muito os outros, dizendo-lhes sempre que, com a ajuda de Deus, tudo é possível. Conta uma pessoa que, quando conversou com D. Álvaro acerca de um pequeno defeito de caráter que tinha dificuldade em ultrapassar, «ele comentou que o mais importante, para além da vontade de o ultrapassar, era ter a certeza de que podia contar com a ajuda do céu. E disse-me que, quando surgisse essa situação, me abandonasse com total confiança nas mãos de Deus. [...] Animou-me a evitar pensar que era impossível mudar porque [...] isso era um elemento da minha personalidade».

A despeito das suas responsabilidades no Opus Dei, Álvaro não se dava ares relativamente à sua relação com o fundador. Assim, por exemplo, incitava todos os membros, incluindo aqueles que acabavam de pedir a admissão e que eram bastante mais novos que ele, a tratá-lo por «tu» e nunca por «senhor».

O principal colaborador de São Josemaria

São Josemaria encontrou em D. Álvaro uma rocha na qual podia apoiar-se. Álvaro tinha assumido por completo o espírito do fundador, e pôs-se inteiramente à sua disposição. Em outubro de 1939, São Josemaria nomeou-o secretário-geral do Opus Dei, o que significava que Álvaro era o número dois na hierarquia da Obra; esta nomeação foi o começo da sua colaboração formal com São Josemaria no governo da Obra, que se prolongaria até à morte deste último, em 1975.

O novo cargo era de enorme responsabilidade, em especial para um jovem que tinha apenas 25 anos. É verdade que, nessa altura, o Opus Dei não passava de um grupo minúsculo sem estatuto legal no quadro da Igreja, constituído essencialmente por estudantes universitários e uns quantos licenciados recentes, num país com pouca influência no mundo. Mas, tal como São Josemaria, Álvaro sabia que esta Obra de Deus estava destinada a difundir, por todo o mundo e pelos séculos fora, a mensagem do chamamento universal à santidade no meio do mundo. Por esta instituição estar ainda na sua infância aumentava a sua responsabilidade, dado que qualquer passo em falso poderia ter consequências desastrosas; porém, depositando toda a sua confiança em Deus, Álvaro sentia-se capaz de tudo.

Era ele que ficava como diretor em Madri quando o fundador se ausentava, o que equivalia a mais ou menos um terço do tempo, dado que muitos bispos espanhóis lhe solicitavam que pregasse retiros aos sacerdotes da sua diocese. Fossem quais fossem as perguntas, Álvaro tinha como norma de conduta fazer o que São Josemaria faria se ali estivesse; e, quando tinha dúvidas, respondia: «Vou perguntar ao Padre e depois digo-te».

Ataques ao Opus Dei

Na sua qualidade de secretário-geral, Álvaro sofreu todo o impacto de uma brutal campanha de calúnias lançada contra o Opus Dei. Ao longo da História da Igreja, não é invulgar os fundadores de instituições novas serem alvo de críticas e oposições, em muitos casos por parte dos próprios católicos; por exemplo, o fundador dos Jesuítas foi por duas vezes preso pela Inquisição, e o representante do Papa na Espanha acusou Santa Teresa de Ávila, a reformadora das Carmelitas, de ser «uma mulher inquieta, desobediente e obstinada». O Opus Dei não foi exceção.

Já antes da deflagração da Guerra Civil São Josemaria tinha sido alvo de críticas, em especial por parte dos clérigos de Madri; os ataques intensificaram-se em reação ao crescimento que o Opus Dei conheceu na década de 1940. As críticas tinham origem em três grupos distintos: professores universitários, membros da Falange (o partido político oficial) e sacerdotes e membros de ordens religiosas.

Nessa altura, as cátedras das universidades espanholas eram atribuídas com base em exames muito rigorosos; durante e logo após a Guerra Civil, muitos professores liberais e de esquerda saíram do país, sendo outros afastados dos cargos pelo Governo de Franco, numa movimentação que criou um grande número de vagas, dando a oportunidade aos jovens acadêmicos de ascenderem a esses cargos muito antes do que ascenderiam em condições normais. Entre 1940 e 1945, 11 membros do Opus Dei conquistaram cátedras universitárias, um número que correspondia a 6% dos novos nomeados e que constituía, naturalmente, uma percentagem ainda mais reduzida do número total dos docentes universitários do país. Apesar disto, alguns daqueles que tinham sido ultrapassados por eles na corrida a esses lugares, bem como alguns catedráticos que se opunham à presença de católicos coerentes nas universidades, acusaram o Opus Dei de tentar «tomar» a universidade espanhola.

Outra fonte de críticas — bastante mais perigosa — vinha do Partido Falangista, que tinha o apoio do Estado; tal como o Partido Nacional Socialista na Alemanha e o Partido Fascista na Itália, a Falange era o único partido legal na Espanha, dominando por isso a vida política do país. Alguns membros do Opus Dei, tal como muitos outros espanhóis, pertenciam à Falange, mas outros recusaram-se a aderir ao partido. O Opus Dei aconselhava os seus membros a levarem a sério as suas responsabilidades cívicas, acentuando contudo que todos eles gozavam de total autonomia nestas matérias e recusando-se a incitá-los a aderirem à Falange ou às organizações estudantis que a Falange patrocinava.

Para alguns falangistas — que exigiam uma adesão ativa de todos os espanhóis ao partido —, este respeito pela liberdade política era uma atitude inaceitável, pelo que fizeram queixa do Opus Dei ao Tribunal Especial para a Supressão da Maçonaria e do Comunismo, acusando a Obra de ser «um ramo judaico da Maçonaria» ou «uma seita judaica relacionada com a Maçonaria». Hoje em dia, estas acusações parecem-nos ridículas, mas, no ambiente político altamente crispado da Espanha do período pós-Guerra Civil eram um assunto muito sério. Os procedimentos formais a que essas acusações deram origem foram rapidamente suspensos, mas isso não aplacou as críticas nem a oposição dos falangistas, que se mantiveram durante vários anos.

Mas as críticas mais importantes e mais dolorosas para o Opus Dei foram, de longe, as que tiveram origem noutros católicos. Circulavam nos círculos eclesiásticos muitos rumores de que o Opus Dei era uma organização herética, que não tardaria a ser suspensa pelo Santo Ofício, o sucessor da Inquisição; num convento de Barcelona, queimaram-se vários exemplares de *Caminho*, num auto de fé reminiscente dos do século XVI.

Alguns sacerdotes e religiosos afirmavam que o Opus Dei roubava vocações aos seminários diocesanos e às ordens religiosas; e vários membros destas ordens iam a casa das famílias dos membros da Obra — incluindo a mãe de Álvaro — para os avisar de que os filhos andavam metidos com um herege e corriam o perigo de perderem a sua alma. A mãe de Álvaro respondeu-lhes que conhecia muito bem tanto São Josemaria como o seu filho, e que não estava preocupada com aquelas acusações; mas houve outros pais que ficaram profundamente abalados. Também se fizeram queixas a uma série de bispos espanhóis, bem como — gesto ainda mais perturbador — à Santa Sé; com efeito, em 1941, o Geral da Companhia de Jesus enviou para o Vaticano uma série de documentos com acusações contra o Opus Dei.

São Josemaria tentou proteger os membros da Obra desta controvérsia, mas manteve D. Álvaro permanentemente informado do que se passava, e o jovem secretário-geral partilhava com ele o fardo correspondente; em várias ocasiões, foi chamado a tratar com as autoridades eclesiásticas, que se mostravam alarmadas com as acusações que lhes chegavam.

Certa vez, por exemplo, disseram ao representante do Papa em Madri que o Opus Dei estava a tentar destruir a Igreja roubando vocações ao sacerdócio e às ordens religiosas; este pediu explicações à Obra numa altura em que São Josemaria se encontrava fora de Madri. Como o núncio não estava com disposição para esperar pelo regresso do fundador, Álvaro foi falar com ele. «Somos todos profissionais», explicou-lhe. «Ganhamos a vida a trabalhar e temos bastante dinheiro nos bolsos. Parece-me que há maneiras mais agradáveis de uma pessoa perder a sua alma». O núncio ficou desarmado com o bom senso desta resposta e dispôs-se a ouvir o que Álvaro tinha para lhe dizer; depois de se ter informado mais pormenorizadamente sobre o Opus Dei, tornou-se um dos seus mais indefectíveis apoiantes.

Certo dia, perguntaram a D. Álvaro se a tarefa de levar mensagens do fundador aos bispos e mesmo ao Papa lhe não pesava; onde é que ele ia buscar coragem para tanto? Ao que ele respondeu: «Penso na pesca milagrosa e nas palavras de São Pedro, "à tua palavra, lançarei a rede". Penso no que o Padre me disse e sei que, obedecendo-lhe, estou a obedecer a Deus».

São Josemaria também confiava a Álvaro muitos aspectos das finanças do Opus Dei e da instalação de novos centros em Madri e noutras cidades da Espanha. A Obra estava a crescer rapidamente, mas os seus membros eram, na sua grande maioria, estudantes ou licenciados recentes, com rendimentos muito parcos; por isso, comprar ou arrendar, bem como mobilar os novos centros, era uma tarefa que lhes esticava ao máximo os recursos. Com grande dificuldade, conseguiram comprar uma moradia simpática num bairro agradável de Madri mas, depois de a terem comprado, ficaram com tão pouco dinheiro que não conseguiram arranjar o sistema de aquecimento, e passaram o inverno de 1940-1941 sem aquecimento. Para reduzir os custos com o recheio das casas, era frequente Álvaro ir com São Josemaria a lojas de mobiliário em segunda mão e ao mercado de pulgas de Madri à procura de pechinchas que pudessem ser arranjadas.

Álvaro tinha muitas vezes de fazer uma grande ginástica para conseguir chegar ao fim do mês; contudo, em vez de pensar que fariam melhor em abrandar e em adaptar o passo ao tamanho da perna, apoiava inteiramente os esforços de expansão de São Josemaria, que queria avançar o mais depressa possível apesar da falta de meios. Na verdade, levava muito a peito o dito do fundador segundo a qual, nas obras de apostolado, «gasta-se o que se deve, ainda que se deva o que se gasta».

Um apoio nas necessidades

Agora que São Josemaria foi canonizado pela Igreja e Álvaro del Portillo foi beatificado, podemos sentir a tentação de supor que eram ambos pilares de ferro a quem bastava a graça de Deus e a sua própria força de caráter para ultrapassar as muitas dificuldades que se lhes apresentaram no caminho. Mas não foi assim. Com efeito, eram ambos muito santos e pessoas de grande caráter, disso não há dúvida, mas precisavam de afeto e de apoio humanos. D. Javier Echevarría, que viveu muitos anos com ambos, comenta que observou muitas vezes «como se ajudavam mutuamente, comunicando um ao outro bom humor e principalmente a convicção de que Deus não abandona as suas criaturas». A partir dessa altura, D. Álvaro foi, nas palavras de D. Javier Echevarría, «o primeiro e o principal colaborador de São Josemaria no trabalho de governo do Opus Dei; tornou-se um executor prudente das tarefas que o fundador lhe confiava e um intermediário de confiança, que comunicava aos outros fiéis da Obra o que ele lhe transmitia».

São Josemaria considerava que o papel de Álvaro no Opus Dei tinha sido providencial. «Não andei à procura dele», dizia. «Foi o Senhor que o pôs ao meu lado e ele, com a ajuda da graça de Deus, amadureceu humana e sobrenaturalmente. Entregou a sua vida com grande coragem, sem nunca recuar. Manteve sempre um tom positivo, com afabilidade e bom humor».

CAPÍTULO 9

Sacerdote do Opus Dei

São Josemaria tinha percebido desde o princípio, desde 1928, que o Opus Dei seria constituído por leigos e sacerdotes. Viu claramente que as suas atividades apostólicas teriam de ser levadas a cabo com a colaboração dos leigos e dos membros do clero. Isto não significava que os leigos contribuiriam para o apostolado dos padres, ou que os padres apoiariam o apostolado dos leigos, mas que uns e outros levariam conjuntamente a cabo esse apostolado.

A missão dos sacerdotes do Opus Dei seria exclusivamente espiritual; não se tratava de dirigir as atividades dos outros membros, mas de lhes estimular o zelo apostólico e a vida interior. Escrevia São Josemaria em 1931: «Os sacerdotes serão exclusivamente *diretores espirituais das almas*, o que já não é pouco».

Entre os primeiros seguidores de São Josemaria contavam-se vários padres diocesanos. Em 1932, deu início a uma série de encontros semanais de formação para esses sacerdotes e, em fevereiro de 1934, alguns deles comprometeram-se com a Obra. Mas esses homens, que eram excelentes padres, não conseguiram captar adequadamente o espírito do Opus Dei nem o papel do fundador; e alguns criticavam a ousadia — a temeridade — de São Josemaria, que promovia as incipientes atividades apostólicas do Opus Dei apesar das graves dificuldades econômicas por que passava.

Não tendo compreendido adequadamente o espírito do Opus Dei, alguns desses sacerdotes semearam a confusão entre os membros da Obra. As coisas atingiram um ponto tal, já antes da Guerra Civil, que São Josemaria pensou na possibilidade de pôr fim à relação que eles tinham com a Obra; contudo, eram pessoas com tão boa vontade que acabou por decidir continuar a pedir-lhes que contribuíssem com o seu ministério sacerdotal, «mantendo-os fora das atividades específicas da Obra».

Neste contexto, retomou uma conclusão a que já tinha chegado, e que ficara registada nas suas anotações pessoais em 1930: a de que, de futuro, os sacerdotes do Opus Dei teriam de provir dos leigos da Obra que já estivessem formados no seu espírito. Por enquanto, contudo, não tinha possibilidades de ordenar sacerdotes para o Opus Dei, pelo que se limitou a rezar pelos futuros sacerdotes. «Rezei com confiança e entusiasmo durante muitos anos pelos vossos irmãos que seriam ordenados e por aqueles que se lhes seguiriam», escreveria anos mais tarde. «E rezei tanto que posso afirmar que todos os sacerdotes do Opus Dei são filhos da minha oração.»

Nos meses que se seguiram à Guerra Civil, o crescimento das atividades apostólicas do Opus Dei foi tornando cada vez mais premente a necessidade de sacerdotes. São Josemaria passou horas debruçado sobre o Código de Direito Canônico, à procura de uma solução que permitisse ao Opus Dei ordenar sacerdotes, mas não conseguia encontrá-la. O problema resultava de dois constrangimentos do direito canônico. Em primeiro lugar, para ser ordenado, um homem tinha de ser chamado ao sacerdócio por alguém que tivesse autoridade para o fazer; em termos de direito canônico, essa pessoa só podia ser o bispo da diocese ou o geral de uma ordem religiosa ou equivalente. Ora, o Opus Dei não era uma diocese, nem podia ser uma ordem religiosa ou qualquer coisa parecida;

isto porque o Opus Dei promovia a santificação do mundo a partir de dentro, pela procura da santificação pessoal e do apostolado no meio das atividades habituais da vida cotidiana, enquanto as ordens religiosas e os grupos equivalentes propunham, em maior ou menor grau, aquilo a que então se chamava o *contemptus mundi*, isto é, o distanciamento do mundo, como testemunho do seu caráter passageiro. O segundo problema era semelhante a este: uma vez ordenado, um sacerdote tinha de ser incardinado numa diocese específica, ou numa ordem religiosa ou organização equivalente.

A vocação de Álvaro del Portillo para o sacerdócio

São Josemaria começou a pensar em Álvaro como candidato ao sacerdócio por volta de 1939. Não sabemos quando foi que lhe perguntou se estava disposto a ser ordenado, mas não terá sido depois da primavera de 1940. Posteriormente, D. Álvaro diria que, nessa conversa, o fundador sublinhou que ele tinha total liberdade para responder que sim ou que não: «Se estiveres disposto a isso, se quiseres e se não tiveres objeção, faço com que sejas ordenado sacerdote; mas tens completa liberdade».

Não temos nenhuma indicação de que Álvaro sentisse uma especial atração pelo sacerdócio; contudo, desde o princípio da sua vocação que se tinha dedicado por completo a «fazer o Opus Dei sendo ele mesmo Opus Dei», como dizia o fundador e, tal como se dispusera a adiar o curso de Engenharia para ajudar financeiramente a família, também subordinara os seus objetivos profissionais à realização e ao desenvolvimento do apostolado do Opus

Dei. Dada a sua total disponibilidade para fazer o que fosse preciso, não é de espantar que tenha respondido ao fundador que estava disposto a ser ordenado se essa fosse a sua vontade, embora ainda não fosse claro como nem quando tal coisa poderia acontecer. Pouco depois desta conversa, São Josemaria escreveria nas suas notas pessoais: «Meu Deus, pega fogo ao coração de Álvaro, para que ele seja um sacerdote santo!». Aproximadamente na mesma altura, fez a mesma proposta a José María Hernández Garnica.

Se a perspectiva de Álvaro e José María serem ordenados foi uma fonte de grande alegria para os membros do Opus Dei, para os colegas dos dois foi um motivo de incompreensão e quase escândalo. Na Espanha da altura, os engenheiros gozavam de grande prestígio e tinham à sua frente um futuro brilhante; em contrapartida, os padres tinham, de uma maneira geral, muito pouco prestígio. Ao saber que Álvaro tencionava ser ordenado, até o bispo de Madri lhe perguntou: «Álvaro, tens consciência de que vais perder a tua identidade? Agora, és um engenheiro com prestígio; depois, vais ser um padre entre muitos». Ao que Álvaro respondeu: «Eminência, há muitos anos que entreguei a minha identidade a Cristo».

Em 1941, Álvaro e José María — aos quais se juntara José Luis Múzquiz, um terceiro engenheiro — começaram os seus estudos de preparação para a Ordenação. Foi um passo que exigiu uma grande dose de confiança no fundador, dado que sabiam que este ainda não tinha encontrado uma solução para a sua ordenação. O bispo de Madri achou bem que estudassem em privado e que fizessem os exames no seminário diocesano, embora não fossem seminaristas; de vez em quando, saíam os três de Madri durante uma semana ou dez dias, para se dedicarem a estudar de manhã à noite. Durante um desses períodos, Álvaro escreveu a São Josemaria: «Padre, tenho um grande desejo de ser bom e de trabalhar dentro do Opus Dei ao serviço da Igreja. Que pena tenho de tantas vezes me portar como um idiota e não ser capaz de fazer o que devia. Reze por mim, Padre, para que eu possa um dia vir a ser bom instrumento — um instrumento dócil — nas suas mãos».

A Sociedade Sacerdotal da Santa Cruz

A 14 de fevereiro de 1943, enquanto celebrava a Santa Missa, São Josemaria recebeu o que percebeu ser uma iluminação de Deus sobre a forma de incorporar os sacerdotes no Opus Dei. A solução consistia na criação da Sociedade Sacerdotal da Santa Cruz, uma sociedade de vida comum sem votos, constituída por sacerdotes e pelos leigos do Opus Dei que estivessem a preparar-se para o sacerdócio; estava longe de ser a solução ideal, dado que uma sociedade de vida comum sem votos podia muito bem ser confundida com uma ordem religiosa e que se podia pensar que o Opus Dei era uma parte dessa sociedade sacerdotal, quando na realidade a sociedade sacerdotal é que era uma pequena parte do Opus Dei. A despeito das suas imperfeições, contudo, esta fórmula constituía uma solução viável, e a única possível na altura.

O bispo de Madri não podia fundar a Sociedade Sacerdotal sem autorização da Santa Sé. Para abrir caminho à solicitação formal do bispo, Álvaro partiu de avião para Roma a 25 de maio de 1943, com a missão de explicar à Santa Sé o que era o Opus Dei e o que ia pedir; ia armado com cartas de recomendação do núncio apostólico na

Espanha que, depois das suas apreensões iniciais, se tinha tornado um firme apoiante da Obra.

Durante o voo, o avião italiano que o transportava foi apanhado no meio de uma batalha entre um avião britânico e um navio das tropas do Eixo. Muitos dos passageiros ficaram aterrorizados; alguns, atores de uma companhia italiana que regressavam de uma digressão na Espanha, começaram a gritar: «*Mamma mia!* Vamos morrer todos!». Álvaro, porém, manteve-se muito calmo, porque pensava: «Vou numa missão querida por Deus, portanto não me vai acontecer nada».

Para a audiência com o Papa Pio XII, que teve lugar a 4 de junho de 1943, envergou o flamejante uniforme de gala que os engenheiros espanhóis usavam em ocasiões formais, e que resultava de o corpo de engenheiros ter originalmente feito parte do Exército espanhol. Enquanto se encaminhava para o Vaticano, ouviu um comentário de uma mulher que o divertiu muito: «Espantoso! Tão jovem e já é almirante!». E, ao entrar no Vaticano, o oficial de serviço da Guarda Suíça também pensou que ele era um oficial militar superior, pelo que mandou formar a companhia e pediu a D. Álvaro que passasse revista às tropas, coisa que ele fez como se fosse a coisa mais natural do mundo, embora por dentro estivesse quase de certeza a achar graça à situação.

Pouco se sabe acerca da audiência propriamente dita, para além de que o Papa se interessou calorosamente por aquilo que Álvaro del Portillo lhe disse acerca do Opus Dei, e da sua necessidade de contar com sacerdotes ordenados a partir dos seus membros. Mais tarde, um colaborador próximo do Santo Padre confidenciou a outros membros da Obra que o Pontífice tinha ficado muito bem impressionado com o jovem engenheiro.

Álvaro ficou em Roma até 21 de junho. Tinha os dias tão cheios que durante as primeiras três semanas não conseguiu arranjar tempo para visitar as grandes basílicas nem as catacumbas. Avistou-se com muitos funcionários superiores do Vaticano, incluindo o secretário de Estado, que lhe disse que tanto ele como o Santo Padre tinham estudado atentamente os documentos do Opus Dei por causa das acusações de que esta instituição queria destruir a Igreja[1]. Um dos funcionários com quem Álvaro contatou nessa altura foi Monsenhor Montini (o futuro Papa Paulo VI), que veio a ser um seu amigo de toda a vida.

A viagem foi um enorme êxito. A 11 de outubro de 1943, a Santa Sé autorizou a ereção da Sociedade Sacerdotal da Santa Cruz, a qual teve lugar a 8 de dezembro, festa da Imaculada Conceição.

Preparação para o sacerdócio

São Josemaria reuniu um distinto grupo de professores a quem pediu que dessem aulas de Teologia aos três engenheiros. Para além de alguns professores do seminário de Madri, recorreu a uma série de outros que normalmente trabalhavam em Roma e em Jerusalém, mas

1 Podemos perguntar porque foi que Álvaro se avistou com o secretário de Estado, quando o assunto que o levara a Roma nada tinha a ver com negócios estrangeiros. Acontece que o secretário de Estado é o número dois da hierarquia do Vaticano e tem por missão não só tratar das relações externas, mas também supervisionar todo o trabalho da Cúria, o corpo administrativo do Vaticano. A Secretaria de Estado tem duas divisões, uma para as relações exteriores e outra para os assuntos internos do Vaticano, os chamados «assuntos ordinários»; cada uma delas é encabeçada por um vice-secretário de Estado. De uma maneira geral, o cardeal secretário de Estado trata, direta ou indiretamente, de todas as questões importantes do governo do Vaticano.

que se encontravam retidos na Espanha em consequência da Segunda Guerra Mundial. O próprio São Josemaria deu-lhes as aulas de Teologia Pastoral e ensinou-os a celebrar Missa. Embora ainda tivesse mais que fazer do que nos últimos anos do curso de Engenharia, Álvaro conseguia sempre arranjar tempo para assistir às aulas e para estudar.

São Josemaria queria que os sacerdotes do Opus Dei tivessem doutoramentos eclesiásticos e civis; tinha muita vontade de que Álvaro e os outros dois candidatos ao sacerdócio tivessem oportunidade de ir a Roma ou a Friburgo fazer os seus doutoramentos em Teologia, mas a guerra e a necessidade premente que o Opus Dei tinha dos serviços dos seus poucos sacerdotes impediram que Álvaro fizesse o seu doutoramento eclesiástico antes de 1948, altura em que obteve um doutoramento em Direito Canônico pela Universidade de São Tomás (o chamado Angelicum) de Roma.

Na década de 1940, não havia na Espanha nenhuma instituição onde se pudesse fazer um doutoramento em Engenharia, pelo que, para fazer um doutoramento civil, Álvaro teria de optar por outra área. Decidiu então matricular-se na faculdade de Letras e Filosofia e, aproveitando uma regra que permitia que os «estudantes voluntários» se apresentassem a exame sem terem ido às aulas, em 1943 licenciou-se em História. Tendo em consideração a quantidade de coisas que tinha de fazer, seria de esperar que escrevesse a dissertação de doutoramento exclusivamente com base em fontes publicadas, mas a verdade é que fez a sua investigação no Arquivo das Índias de Sevilha, bem como em vários arquivos históricos de Madri e, em maio de 1944, obteve um doutoramento em História pela Universidade Central de Madri. A sua dissertação, sobre as primeiras expedições de espanhóis na Califórnia, conquistou o Prémio Extraordinário da universidade, e foi publicada em 1947 sob o título de *Descubrimientos y Exploraciones en las Costas de California.*

Ordenação sacerdotal

Álvaro e os outros dois companheiros foram ordenados a 25 de junho de 1944, na capela episcopal. São Josemaria não assistiu à ordenação; ficou em casa e celebrou Missa, rezando pelos novos sacerdotes. Em 1989, D. Álvaro explicava a sua ausência desta maneira: «Tanto humana como sobrenaturalmente, era um dia de triunfo para o nosso fundador. [...] E ele pensou que, se fosse [...], seria o centro das atenções. [...] "O meu objetivo é ocultar-me e desaparecer, que só Jesus brilhe", dizia. [...] O seu triunfo consistiu em oferecer ao Senhor a humildade de desaparecer, aceitando as críticas de algumas pessoas». Na festa que se seguiu à Ordenação, São Josemaria tentou beijar as mãos recentemente consagradas de D. Álvaro, como era costume na Espanha à época, e D. Álvaro tentou antecipar-se-lhe no mesmo gesto.

Na tertúlia com membros do Opus Dei que se seguiu ao almoço, Leopoldo Eijo y Garay observou-lhe que, quando tinha expressado o receio de que os membros da Obra guardassem rancor contra os religiosos que tanto tinham criticado a Obra, D. Álvaro lhe garantira que para eles os referidos religiosos eram como um bisturi de platina de que o Senhor Se tinha servido para intervir no Opus Dei. Ao ouvir isto, D. Álvaro comentou: «Mas eu só disse isso porque o tinha ouvido ao Padre»; ao que o bispo replicou: «Tal pai, tal filho».

Ao final da tarde, São Josemaria pregou uma meditação aos membros da Obra que se tinham deslocado a Madri para assistir à ordenação; e disse-lhes que, quando passassem os anos e lhes perguntassem o que tinha dito o fundador naquele dia, eles deviam responder que ele insistira nos pontos principais da vida dos membros da Obra: «Oração, oração, oração; mortificação, mortificação, mortificação; trabalho, trabalho, trabalho».

Confidente de um santo

Antes de se ordenar, Álvaro fora, durante muitos anos, o principal apoio de São Josemaria e a pessoa a quem este fazia mais confidências; e testemunhou muitos combates do fundador de que os outros não chegaram a aperceber-se. Assim, por exemplo, a 25 de setembro de 1941, confrontado com enormes e persistentes críticas e calúnias que incluíam denúncias à Santa Sé, São Josemaria escrevia a Álvaro: «Tenho a certeza de que a Obra será muito amada pelo Santo Padre, mas depois da consagração da Missa senti o impulso de fazer uma coisa que me custou lágrimas. Com lágrimas que me queimavam os olhos, e enquanto olhava para Jesus ali no corporal, disse-lhe de todo o coração: "Senhor, se é o que Tu queres, aceito a *injustiça*". Certamente perceberás a que *injustiça* me refiro — à destruição de toda a *obra de Deus*. Sei que Lhe agradei ao dizer isto, e falava a sério. Mas como poderia ter-me recusado a fazer este ato de união com a sua vontade, se Ele mo pediu?».

E São Josemaria prosseguiu: «Álvaro, reza muito pelo teu Padre e pede aos outros que rezem muito. Jesus permite que o inimigo me faça ver a monstruosidade desta campanha de mentiras incríveis e calúnias absurdas. E, por consequência, o homem animal que tenho dentro de mim ergue-se, com inclinações exclusivamente humanas. Pela graça de Deus, rejeito essas inclinações naturais, que parecem ser, e talvez sejam, cheias de um sentido de retidão e de justiça. E abro caminho a um *fiat* [faça-se] alegre e filial, cheio de filiação divina. Sou filho de Deus! Esta realidade enche-me de paz e de alegria, e permite-me esquecer».

No dia seguinte à ordenação, São Josemaria pediu a D. Álvaro que o confessasse; e, a partir desse momento e até ao dia da sua morte, que teve lugar em 1975, D. Álvaro foi o seu confessor. A relação entre ambos tinha sido extremamente próxima, mas a partir dessa altura tornou-se ainda mais íntima. As graças espirituais que Deus concedia a São Josemaria exigiam um confessor que também tivesse uma profunda vida interior, cuja vida espiritual estivesse em harmonia com a sua, e que fosse dotado de uma inteligência e de uma humildade que lhe permitissem orientá-lo nos acontecimentos do dia a dia e nas reações às graças que recebia. A autobiografia de Santa Teresa de Ávila mostra bem a dificuldade em encontrar um confessor assim; com efeito, e a despeito dos esforços heroicos que empreendeu para encontrar uma pessoa que soubesse compreendê-la e orientá-la, raramente o conseguiu. São Josemaria encontrou um confessor assim em D. Álvaro, que estava constantemente a seu lado e o aconselhava, não apenas na Confissão, mas sempre que lhe parecia necessário.

Desempenhou essa tarefa com enorme afeto e veneração por São Josemaria, mas também com a fortaleza necessária para exigir sempre que lhe parecia necessário. Em certa ocasião, São Josemaria observava: «Hoje Álvaro corrigiu-me e custou-me muito aceitar essa correção. De tal maneira que fui ao oratório uns momentos, e disse: "Senhor, Álvaro tem razão e eu não". Mas logo a seguir: "Não, Senhor, desta vez sou eu que tenho razão. [...] Álvaro não me deixa passar nada [...] e isso não é amor, é crueldade". Mas depois: "Obrigado, Senhor, por teres posto ao meu lado o meu filho Álvaro, que me ama tanto, que não me deixa passar nada"».

Santa Teresa dizia que todas as almas, por muito santas que sejam, precisam de um escape, de alguém com quem possam desabafar. São Josemaria encontrou essa pessoa em D. Álvaro. Certa noite, depois de já se terem deitado, ligou-lhe pelo telefone interno e disse-lhe: «Álvaro, não posso mais». «Mas, Padre, andamos a dizer a mesma coisa há três anos!». «Tens razão, meu filho. Obrigado! Boa noite.»

Ministério sacerdotal

Para além de continuar a desempenhar as suas tarefas como secretário-geral do Opus Dei nos anos que se seguiram à sua ordenação, D. Álvaro dedicou a maior parte do seu tempo à pregação e à administração dos sacramentos, em especial do sacramento da Penitência. Um membro da Obra que viria posteriormente a ser ordenado recorda que D. Álvaro o ouvia atentamente, o ajudava a identificar as causas dos seus pecados, e lhe sugeria meios concretos de os evitar; e dava provas de «uma compreensão que era simultaneamente amável e exigente». Dava conselhos «sensatos e práticos», que refletiam a profundidade da sua vida interior e a sua preocupação apostólica.

Os novos sacerdotes não tardariam a ficar submersos em trabalho. O território da Espanha foi dividido entre os três: Múzquiz responsabilizou-se pelo Sul, Garnica ficou com o Norte, e del Portillo com Madri e as cidades vizinhas. Passavam a maior parte do seu tempo a dar direção espiritual, e a pregar meditações, recolhimentos e retiros; com efeito, passados 10 meses depois de se terem ordenado, os três já tinham pregado 30 retiros e mais de 90 dias de recolhimento.

D. Álvaro não era um pregador especialmente eloquente; tinha um estilo simples e direto, mas deixava transparecer uma fé e uma convicção profundas que moviam os seus ouvintes. Apoiava-se muito na Sagrada Escritura e naquilo que tinha aprendido com São Josemaria, em especial as notas de pregação e os guiões de meditação que este partilhava com os novos sacerdotes.

Observa um biógrafo que o ouviu pregar frequentemente: «As suas palavras iam diretas ao coração de quem o ouvia, porque a sua expressão e o tom amável da sua voz profunda transmitiam não só o enorme afeto que sentia pelos seus ouvintes, mas também uma humildade quase palpável. Era um pregador caloroso, compreensivo e afável, mas também muito exigente. Usava muitas vezes a palavra "mais", para comunicar a premência inerente ao verdadeiro amor a Deus. Suavemente, ia ajudando cada pessoa a confrontar-se com a sua responsabilidade de amar a Deus e às almas. Esta era sempre a sua principal preocupação; falasse do que falasse, tudo o que dizia ia ter a este tema: dado que a plenitude da vida cristã é a caridade, a nossa maior urgência é amar».

Uma jovem que participou num retiro que D. Álvaro pregou em 1945 achou que aquela pregação era «uma coisa nova, uma coisa diferente. [...] Comoveu-me profundamente. Embora costumasse fazer retiros, nunca tinha ouvido ninguém falar daquela maneira sobre o amor a

Deus. Foi uma grande descoberta para mim, um encontro com Deus como Pai e como amigo que teve um enorme impacto na minha vida».

CAPÍTULO 10
A aprovação do Vaticano

Em 1945, São Josemaria começou a sentir uma necessidade premente de que o Vaticano aprovasse rapidamente o Opus Dei, a fim de se proteger da persistente campanha levada a cabo por alguns membros de certas ordens religiosas contra a Obra. Tivera a esperança de que a aprovação formal do bispo de Madri fosse suficiente para calar essas vozes, mas enganara-se. Por outro lado, a aprovação do Vaticano também era urgente com vista à expansão do Opus Dei para fora da Espanha. Em 1943, a Santa Sé tinha indicado que não levantava objeções à ereção da Sociedade Sacerdotal da Santa Cruz pelo bispo de Madri na respectiva diocese mas, enquanto entidade legal, o Opus Dei existia apenas como sociedade de direito diocesano; esta circunstância não suscitou grandes problemas enquanto a Segunda Guerra Mundial impediu o Opus Dei de sair da Espanha, mas, com o final da guerra e a necessidade de dar início ao trabalho da Obra noutros países, o reconhecimento por parte de Roma tornou-se imperativo.

D. Álvaro passou uma grande parte do verão e do outono de 1945 a preparar os documentos que seriam necessários para solicitar a aprovação pontifícia. Era São Josemaria quem os redigia, mas D. Álvaro quem os revia; e dedicava-se a esta atividade munido de grande delicadeza, pois estava convencido de que só o fundador tinha graça de Deus para definir as normas orientadoras do apostolado do Opus Dei e da vida espiritual dos seus membros. Para D. Álvaro, o trabalho que era pedido era o de um colaborador ativo e responsável, mas apenas isso: um colaborador, cujo papel consistia em ajudar o fundador.

No começo de 1946, deram início à tarefa de solicitar cartas de recomendação aos bispos que apoiavam esse pedido do Opus Dei à Santa Sé. Desde 1939 que D. Álvaro colaborava com São Josemaria na manutenção das relações com os bispos espanhóis, pelo que conhecia bem muitos deles. Durante as duas primeiras semanas de fevereiro, visitou 11 bispos; e, embora o Opus Dei ainda não tivesse uma presença significativa em muitas dessas dioceses, mais de metade acedeu a escrever cartas de recomendação.

D. Álvaro regressa a Roma

Havia pelo menos dois anos que São Josemaria sofria de diabetes em elevado grau; nesta altura, o médico declarou-lhe que uma viagem a Itália, nas precárias condições em que se encontrava a Europa do pós-guerra, poderia ser-lhe fatal. Por seu turno, D. Álvaro tinha uma percepção muito clara do que tinha de ser feito, e dera provas de uma enorme facilidade de relação com as autoridades religiosas, tanto na Espanha como na viagem que fizera a Roma em 1943; por isso, São Josemaria confiou-lhe a tarefa de tentar obter a aprovação pontifícia. Assim, a 25 de fevereiro de 1946, D. Álvaro partiu de Barcelona para Gênova; ia acompanhado por José Orlandis, um professor de História do Direito que acabava de completar vários anos de estudos em Roma, falava italiano e conhecia vários funcionários do Vaticano. A despeito do significado vital desta viagem para o futuro do Opus Dei, um membro da Obra que esteve com D. Álvaro em Barcelona antes da sua partida para Itália recorda que ele não dava sinais «de preocupação, e muito menos de tensão. [...] Estava com as suas habituais paz, serenidade e calma, que assentavam na confiança em Deus. [...] Estava firmemente convencido de que o Opus Dei era de Deus e estava nas mãos de Deus. Nosso Senhor estava determinado a levá-lo por diante, e assim faria, de uma maneira ou de outra».

Cartas de recomendação

O Papa tinha acabado de criar 38 cardeais, alguns dos quais ainda se encontravam em Roma, quando D. Álvaro decidiu tentar conseguir cartas de recomendação de alguns deles, nomeadamente os cardeais de Nova Iorque, de Berlim, de Colônia e de Westminster. Mas, concluído o consistório, eles não tardariam a regressar às suas terras, pelo que D. Álvaro tinha urgência em chegar a Roma. Salvador Canals, outro membro da Obra que estava a estudar na Itália, convenceu um amigo a acompanhá-lo a Gênova para irem buscar D. Álvaro e o levarem para Roma. Quando o navio aportou, já era tarde; o carro era velho e estava em muito mau estado; as estradas estavam em péssimas condições, após anos de guerra; e era pouco seguro viajar à noite, porque as regiões mais isoladas estavam infestadas de bandidos; havia nomeadamente uma região, a cerca de meio caminho entre Gênova e Spezia, que era tão perigosa que a polícia italiana costumava organizar comboios de carros e caminhões e escoltá-los com veículos blindados.

Era tarde demais para se juntarem a um desses comboios, mas D. Álvaro não estava disposto a esperar pelo dia seguinte, de maneira que o grupo se pôs a caminho.

Passaram pela zona de maior perigo sem incidentes, mas depois começaram a sofrer uma série de furos nos pneus; em seguida, o macaco partiu-se, o que os obrigou a passar o resto da noite dentro do carro. Na manhã seguinte souberam que, a menos de um quilômetro do local onde se encontravam, os bandidos tinham assaltado um caminhão, amarrando o condutor a uma árvore e fugindo com o veículo. Apesar da urgência que tinham em chegar a Roma, pararam em Pisa para D. Álvaro celebrar Missa, e depois seguiram caminho; estavam com esperanças de conseguir chegar a Roma no dia 27 de manhã cedo, mas só chegaram pouco depois da meia-noite desse dia.

No dia seguinte, logo depois de celebrar Missa, D. Álvaro foi encontrar-se com os cardeais. Os três novos cardeais espanhóis estavam alojados no Colégio Espanhol, mas os funcionários do colégio disseram-lhe que eles partiriam no dia seguinte e não tinham tempo para receber ninguém. D. Álvaro insistiu e acabou por conseguir avistar-se com dois deles, que assinaram as cartas de recomendação que ele já levava preparadas. Nesse dia de manhã, ainda visitou o cardeal de Lisboa, que tinha conhecido São Josemaria e teve todo o gosto em assinar a carta de recomendação; além disso, sugeriu-lhe que contatasse o novo cardeal de Lourenço Marques, a então capital de Moçambique, que aceitou avistar-se com São Josemaria em Madri e também acabaria por escrever uma carta de recomendação. Alguns dias depois, D. Álvaro conseguiu avistar-se com o cardeal Frings, arcebispo de Colônia, a quem explicou o Opus Dei em latim, a única língua que ambos falavam; o cardeal Frings ficou tão entusiasmado com o que ouviu e com a personalidade do jovem sacerdote que concordou em escrever uma carta de recomendação apesar de nunca ter ouvido falar da Obra.

Primeiras negociações no Vaticano

Armado com essas cartas de recomendação, D. Álvaro foi encontrar-se com os membros da Congregação para os Religiosos, o departamento do Vaticano que teria de fazer seguir a solicitação de aprovação pontifícia do Opus Dei. Os funcionários com quem D. Álvaro se avistou concordaram com o pedido, e durante algum tempo parecia que a aprovação pontifícia seria rapidamente concedida; mas não tardaram a surgir dificuldades. O plano original era que o Papa aprovasse o Opus Dei sem fazer qualquer alteração à sua classificação legal; porém, quando os funcionários do Vaticano começaram a analisar os documentos, perceberam que a Obra não cabia na categoria das sociedades de vida comum que lhe tinha sido aplicada em 1943, pelo que não era possível transformá-la de sociedade diocesana em sociedade pontifícia. Era precisa uma nova classificação.

Há mais de uma década que a Santa Sé andava preocupada com a inserção das «novas formas» de apostolado nas estruturas legais do Código de Direito Canônico de 1917; assim, há vários anos que o subsecretário da Congregação para os Religiosos, o padre Larraona, CMF, trabalhava numa nova legislação, e decidiu que o Opus Dei teria de esperar que as novas regras criassem uma categoria legal que melhor lhe servisse. Acontece que esse projeto avançava muito lentamente, e naquela altura estava mesmo parado. Parecia, pois, que a aprovação pontifícia iria levar muito tempo.

Graças aos bons ofícios de Monsenhor Montini, a 3 de abril D. Álvaro foi recebido pelo Papa Pio XII. Recordado da sua visita anterior, em uniforme de gala, o Papa recebeu-o calorosamente, exprimindo repetidamente a sua admiração pelo trabalho apostólico levado a cabo pelo Opus Dei. Durante essa conversa, D. Álvaro teve aquilo a que mais tarde chamaria, em carta a São Josemaria, «a incrível ousadia» de comentar que era uma pena o decreto sobre as novas formas de apostolado ainda não ter sido publicado. Alguns dias mais tarde, o Papa comunicou ao chefe da Congregação para os Religiosos que queria que a nova legislação saísse o mais depressa possível.

Nas semanas que se seguiram D. Álvaro fez o que pôde para acelerar a aprovação do referido decreto, trabalhando com o padre Larraona. Mas as coisas continuavam a andar muito devagar. A 8 de junho, os especialistas da Congregação para os Religiosos votaram a aprovação de um «decreto de louvor» que transformaria o Opus Dei numa instituição de direito pontifício, mas isso só aconteceria depois de concluída a legislação sobre as novas formas de apostolado.

As perspectivas de uma rápida aprovação eram sombrias. Alguns membros influentes da Congregação para os Religiosos consideravam que, para se aprovar a nova legislação, era necessário introduzir alterações no Código de Direito Canônico de 1917, um processo árduo que a maior parte dos funcionários considerava ser, na melhor das hipóteses, prematuro. E havia outros que se opunham à nova legislação, argumentando que constituía uma ameaça para as ordens religiosas, que tão bem tinham servido a Igreja durante muitos séculos. O padre Larraona era favorável à nova legislação, mas não lhe parecia que fosse uma questão urgente; tinha muito mais que fazer, e não tinha quaisquer escrúpulos em adiar o seu trabalho sobre as novas formas de apostolado.

A convocação de São Josemaria para Roma

No começo de junho, D. Álvaro chegou à conclusão de que pouco mais podia fazer para acelerar o processo. Estava perfeitamente ciente dos graves problemas de saúde do fundador, mas, depois de ter meditado cuidadosamente no assunto na sua oração, decidiu, ainda que com relutância, que era vital para o futuro do Opus Dei que São Josemaria se deslocasse a Roma logo, pelo que lhe escreveu nesse sentido. D. Álvaro foi a Gênova receber São Josemaria. O navio em que este viajara fora abalado por uma violenta tempestade e só chegou às 23.00 horas do dia 22 de junho; a essa hora, já os restaurantes estavam fechados, pelo que o máximo que D. Álvaro pôde oferecer ao fundador foi um bocado de queijo parmesão que tinha metido no bolso ao almoço. Passaram a noite num hotel modesto e, no dia seguinte, partiram de carro para Roma; quando, por volta das 9.30 horas, avistaram a cúpula da Basílica de São Pedro, São Josemaria rezou o «Credo» em voz alta.

Os membros do Opus Dei que viviam em Roma tinham arrendado um apartamento na Piazza della Città Leonina, mesmo defronte da muralha do Vaticano. O apartamento, que ficava situado no último andar do prédio, tinha dois quartos, mas um deles tinha sido convertido em oratório; e era nesse espaço minúsculo que se amontoavam cinco pessoas — seis, depois da chegada de São Josemaria. O fundador dispunha de uma cama normal, mas quatro deles dormiam no chão, em colchões que enrolavam todas as manhãs e voltavam a desenrolar à noite, e D. Álvaro num divã, no corredor.

Ao chegar, São Josemaria vinha esgotado da viagem; porém, quando percebeu que do terraço do apartamento se avistavam as janelas dos aposentos pontifícios, passou ali a noite inteira, a rezar pelo Santo Padre. D. Álvaro, comovido com esta mostra de afeto ao Papa, contou o episódio a um amigo que tinha no gabinete do secretário de Estado; três ou quatro dias mais tarde, percebeu que toda a gente se ria do fundador, comentando que os espanhóis eram uns fanáticos.

D. Álvaro pediu a Monsenhor Montini se lhe arranjava uma fotografia do Papa Pio XII para oferecer a São Josemaria, e alguns dias mais tarde recebeu efetivamente uma fotografia assinada do Santo Padre, em que este escrevera: «Para o nosso amado filho Josemaria Escrivá de Balaguer, fundador da Sociedade Sacerdotal da Santa Cruz e Opus Dei, com uma bênção especial».

Posteriores negociações

As semanas que se seguiram foram preenchidas por encontros com funcionários do Vaticano e trabalho em torno da legislação sobre as novas formas de apostolado. Uma das pessoas que D. Álvaro conheceu nessa altura foi o cardeal Domenico Tardini, futuro secretário de Estado, que já era uma pessoa muito influente no Vaticano; embora o cardeal Tardini tivesse mais 25 anos que D. Álvaro, tornaram-se muito amigos, e o cardeal convidava-o muitas vezes a celebrar Missa num orfanato que tinha fundado.

D. Álvaro passava muitas horas a trabalhar com o padre Larraona no projeto de legislação, e costumava convidá-lo para almoçar, seguindo-se nova sessão de trabalho à tarde. Em diversas ocasiões, a fim de conseguirem que o padre Larraona se concentrasse nessa tarefa sem se distrair com outros assuntos, São Josemaria e D. Álvaro levaram-no para Fiuggi, uma pequena cidade de veraneio localizada a sudeste de Roma, onde trabalhavam ininterruptamente durante vários dias seguidos. Contudo, e a despeito de todos estes esforços, o projeto continuava a avançar muito devagar.

São Josemaria e D. Álvaro não podiam continuar indefinidamente em Roma: a sede do Opus Dei era na Espanha, onde tinham muito trabalho à sua espera. Por outro lado, os críticos do Opus Dei na Espanha ficariam muito satisfeitos se os vissem regressar de mãos vazias. Talvez por esta razão, o chefe da Congregação para os Religiosos conseguiu que a Santa Sé lhes passasse dois documentos para levarem consigo para Espanha: um breve apostólico, *Cum Societatis*, que concedia indulgências aos membros do Opus Dei; e uma carta da congregação louvando os objetivos do Opus Dei. Nenhum destes documentos tinha qualquer influência no estatuto jurídico da Obra, mas eram indicações de aprovação por parte do Vaticano que podiam ajudar a aparar os ataques.

Depois de os funcionários do Vaticano terem regressado das suas férias de verão, São Josemaria e D. Álvaro regressaram também a Roma, a fim de prosseguirem os seus esforços. Contudo, era manifestamente importante que o secretário-geral da Obra estivesse na sede, em Madri, em especial numa altura em que o fundador se encontrava em Roma. Talvez tenha sido por esta razão que São Josemaria nomeou um novo secretário-geral, e nomeou D. Álvaro procurador-geral da Obra, encarregado das relações com a Santa Sé.

Os dias de São Josemaria e de D. Álvaro voltaram a encher-se de visitas e sessões de trabalho. Muitas vezes, convidavam o padre Larraona e outros funcionários do Vaticano para almoçar no apartamento de Città Leonina, embora tivessem tão pouco dinheiro que, para servirem uma refeição decente a um convidado, tinham de comer depois muito pouco ou mesmo nada nas outras refeições.

D. Álvaro visitava os funcionários do Vaticano uma e outra vez, sem dar sinais de cansaço ou derrota por eles não conseguirem perceber exatamente o que ele desejava, ou não se mostrarem dispostos a conceder-lho. A sua fé em que o Opus Dei era verdadeiramente uma obra de Deus, e de que aquilo que estava a pedir era vontade de Deus, fortalecia-lhe a paciência e a tenacidade. O seu sucessor, D. Javier Echevarría, observa que a sua perseverança, que tinha por base a fé, acabou por convencer muitos funcionários do Vaticano de que o que ele pretendia era cumprir a vontade de Deus e não apenas levar a sua avante.

Primeira aprovação pontifícia

Finalmente, a 2 de fevereiro de 1947, o Papa Pio XII promulgou a constituição apostólica *Provida Mater Ecclesia*, que criava o quadro legislativo para os chamados institutos seculares, abrindo caminho à aprovação do Opus Dei como instituto secular de direito pontifício, que teve lugar a 24 de fevereiro; assim se fechava um importante capítulo, em que D. Álvaro tivera um papel de grande relevo. Com efeito, a sua oração fervorosa, a sua capacidade de fazer amigos, a sua inteligência e a sua diligência, bem como a sua total identificação com aquilo que pensava São Josemaria foram ingredientes essenciais no árduo processo de conquista da aprovação papal.

A categoria legal de instituto secular adaptava-se mal ao Opus Dei. Na verdade, a legislação sobre os institutos seculares era um meio-termo entre as necessidades do Opus

Dei, os desejos de muitas outras instituições e a mentalidade do pessoal da Congregação para os Religiosos, sendo nela muitos os que consideravam — e é compreensível que assim fosse — que os institutos seculares eram um novo tipo de ordens religiosas, com menos restrições do que as ordens e congregações tradicionais, mas essencialmente semelhantes a elas. Esta legislação constituiu, no fundo, um esforço para adaptar a vida religiosa tradicional à situação das pessoas que se sentiam chamadas a fazer apostolado no meio do mundo; já os fiéis do Opus Dei não eram chamados a viver no meio do mundo como se isso fosse uma tática de apostolado, mas por serem fiéis e cidadãos comuns, homens e mulheres do mundo. Contudo, e apesar destas limitações, a nova legislação proporcionou ao Opus Dei um lugar na Igreja Universal, abrindo caminho à sua expansão para muitos países.

Última aprovação pontifícia

Em parte para sublinhar o caráter secular da Obra, D. Álvaro perguntou a Monsenhor Montini se podia conseguir que São Josemaria fosse nomeado monsenhor, um título honorífico que nunca era concedido a membros de ordens religiosas, mas só aos membros do clero secular. Quando o fundador soube que lhe tinham concedido essa honra, não quis aceitar o título; mas D. Álvaro convenceu-o do contrário argumentando que o título contribuiria para deixar clara a natureza secular da Obra, dado que só os padres seculares podiam ser monsenhores.

D. Álvaro e São Josemaria tinham a esperança de que a aprovação pontifícia pusesse fim aos ataques ao Opus Dei vindos do interior da Igreja, mas tal não aconteceu.

Os críticos aproveitaram a circunstância de se tratar de uma aprovação preliminar para afirmar que o Vaticano não tinha percebido o que era realmente o Opus Dei e que, quando conhecesse melhor a instituição, retiraria a referida aprovação[1]. Por este motivo, São Josemaria estava ansioso por obter a aprovação definitiva o mais depressa possível e D. Álvaro ajudou-o a preparar os documentos necessários e a explicar aos funcionários do Vaticano por que razão precisavam da aprovação definitiva logo após a aprovação preliminar.

Enquanto eram preparados os documentos necessários, São Josemaria resolveu um problema incômodo que deve ter causado grande sofrimento a D. Álvaro. O fundador, que era sacerdote diocesano, sentia que Nosso Senhor o chamava para trabalhar mais de perto com os seus irmãos sacerdotes diocesanos, a fim de os ajudar na sua vida espiritual; era manifesto que esses homens podiam beneficiar do espírito do Opus Dei, santificando o seu trabalho sacerdotal, santificando-se nesse trabalho e santificando os outros através desse trabalho, como os leigos do Opus Dei procuravam fazer com o seu próprio trabalho profissional.

Contudo, durante muito tempo, São Josemaria não conseguiu perceber como podiam os padres diocesanos ser membros da Obra sem criar uma tensão com a obediência que deviam ao respectivo bispo. Por esse motivo, tinha chegado à conclusão — uma conclusão dolorosa — de que Deus lhe pedia que deixasse o Opus

---

1 Quando aprova uma nova instituição, a Igreja costuma fazê-lo em duas etapas: primeiro, dá uma aprovação preliminar e só depois de conhecer melhor a instituição dá a sua aprovação definitiva. Tendo em consideração, além do mais, que o Opus Dei era a primeira instituição a ser aprovada no quadro da legislação dos institutos seculares, não é de espantar que a aprovação concedida em 1947 tenha sido preliminar.

Dei e fundasse uma nova instituição dedicada a sacerdotes diocesanos; e falou sobre isto com D. Álvaro, dando-lhe a indicação de que seria ele a encabeçar o Opus Dei quando isso acontecesse. Chegou mesmo a tirar uma fotografia em que se vê um par de mãos sobre o qual outra mão deposita uma série de burrinhos; as duas mãos receptoras eram de D. Álvaro e a mão que sobre elas colocava os burros — que representavam os membros do Opus Dei — era de São Josemaria.

Tendo em consideração a percepção extraordinariamente forte que tinha do papel especial do fundador, D. Álvaro deve ter tido muita dificuldade em pensar que teria de ocupar o seu lugar. Felizmente, durante as últimas fases de preparação para a aprovação definitiva do Opus Dei, São Josemaria encontrou outra solução para o problema: os sacerdotes diocesanos podiam pertencer à Sociedade Sacerdotal da Santa Cruz, não devendo obediência aos diretores do Opus Dei, mas aos respectivos bispos. Deste modo, não só não haveria nenhuma tensão relativamente aos seus deveres para com os respectivos prelados, como a sua ligação a eles se tornaria mais forte, por via de uma espiritualidade que acentuava a importância da unidade com o bispo.

A Santa Sé deu a sua aprovação definitiva ao Opus Dei a 16 de junho de 1950, com um decreto intitulado *Primum Inter*, que sublinhava o caráter secular da vocação para a Obra e do seu apostolado. A nova legislação permitia que os padres diocesanos pedissem a admissão na Sociedade Sacerdotal da Santa Cruz, e abria caminho para a pertença à Obra de pessoas casadas. O estatuto legal da Obra como instituto secular era uma solução imperfeita, mas fora mais um passo em frente.

Novas e graves ameaças

Menos de um ano depois, o Opus Dei voltou a ser atacado. Houve uma série de jovens italianos que pediram a admissão na Obra, e um sacerdote que dirigia uma organização de juventude, a que alguns deles tinham pertencido, aproveitando-se da preocupação dos pais desses jovens com o futuro dos filhos, conseguiu que assinassem uma carta dirigida ao Papa acusando o Opus Dei de destruir a vida desses rapazes. Este ataque afetava diretamente D. Álvaro, que na altura chefiava as atividades apostólicas do Opus Dei na Itália.

A carta podia ter tido graves repercussões, dado que alguns dos assinantes tinham ótimos contatos com detentores de cargos importantes no Vaticano. Quando São Josemaria soube do que se estava a passar, recorreu à oração e pediu a todos os membros da Obra que calassem, rezassem, sorrissem e continuassem a trabalhar e a estudar. E, a 14 de maio de 1951, na companhia de D. Álvaro, consagrou as famílias dos membros do Opus Dei à Sagrada Família. Uma das cinco famílias queixosas já tinha retirado a queixa e as restantes quatro não tardaram a reconhecer que os seus receios eram infundados.

Também por volta desta altura, o fundador começou a pressentir que se passava qualquer coisa, embora não soubesse o quê. De vez em quando, ouvia comentários críticos a membros da Cúria Romana; e, ocasionalmente, havia prelados que lhe viravam as costas, negando conhecê-lo.

Estas manifestações exteriores, só por si, talvez não o tivessem perturbado mas, como observaria D. Álvaro mais tarde, o fundador sentia «uma grande intranquilidade, uma inquietação interior, porque Nosso Senhor lhe fazia sentir que estava a preparar-se uma conspiração terrível contra a Obra». D. Álvaro tentava animá-lo, recordando-lhe que havia muitas vocações para o Opus Dei e que os membros da Obra viviam muito bem o seu espírito, mas o fundador continuava a sentir que se passava qualquer coisa, e D. Álvaro partilhava com ele essa dor. Uma vez mais, São Josemaria recorreu a Nossa Senhora e, a 14 de agosto de 1951, foi com D. Álvaro e mais dois membros da Obra a Loreto, onde, segundo a tradição, a casa da Sagrada Família está preservada numa basílica; no dia seguinte, festa da Assunção de Nossa Senhora, enquanto D. Álvaro celebrava Missa, o fundador consagrou o Opus Dei ao Dulcíssimo Coração de Maria. Nos meses que se seguiram, D. Álvaro acompanhou São Josemaria em peregrinação a diversos santuários de Nossa Senhora na Itália, bem como a Lourdes, a Fátima e a Saragoça.

No começo de janeiro de 1952, D. Álvaro recebeu, na sua qualidade de procurador-geral do Opus Dei, um pedido oficial da Congregação para os Religiosos para que entregasse um exemplar das constituições do Opus Dei e doutros documentos. Dado que a Santa Sé já estava na posse desses documentos, o pedido indiciava a existência de uma investigação oficial; mas, devido ao secretismo que na altura vigorava no Vaticano, ninguém lhes disse o que se passava, nem lhes deu a oportunidade de se defenderem.

A meio de fevereiro, o cardeal Schuster, de Milão, recomendou ao fundador que recordasse o que se tinha passado com o seu conterrâneo São José de Calasanz[2], e que

---

2 São José (1556-1648), fundador de uma ordem designada por Ordem Religiosa das Escolas Pias, foi obrigado a abandonar o cargo de superior-geral da dita ordem em consequência das maquinações de alguns membros da mesma e acabou por assistir à sua supressão. A ordem foi restabelecida após a sua morte e São José foi canonizado em 1767.

agisse em conformidade. Analisando esta advertência no contexto do pedido de documentos, tornou-se manifesto que a conspiração contra o Opus Dei consistia em afastar o fundador e separar os homens e as mulheres da Obra, constituindo duas instituições independentes.

Nessa altura, D. Álvaro insistiu em coassinar uma carta de protesto dirigida ao cardeal Tedeschini, seu amigo pessoal que tinha sido recentemente nomeado cardeal protetor do Opus Dei. São Josemaria tentou dissuadir D. Álvaro, argumentando que, caso ele fosse efetivamente destituído, D. Álvaro teria de lhe suceder, mas este não se deixou dissuadir: «Não, Padre. O destino do Padre será o meu, seja ele qual for». E foi com São Josemaria entregar a carta em mão ao cardeal Tedeschini, que alguns dias depois a leu ao Papa. Pio XII, que não estava informado daquelas maquinações, pôs imediatamente fim ao processo.

Graças também à lealdade e à fervorosa oração de D. Álvaro, tinham evitado um grave perigo. Mas o Opus Dei precisava desesperadamente de um pouco de paz, para poder levar a cabo a sua missão apostólica. São Josemaria recorreu uma vez mais à oração e, a 26 de outubro de 1952, consagrou o Opus Dei ao Sagrado Coração de Jesus, ao mesmo tempo que rezava incessantemente: «Sacratíssimo Coração de Jesus, dá-nos a paz!». Em certa ocasião, depois de terem feito juntos uma oração mental, São Josemaria perguntou a D. Álvaro o que tinha pedido a Deus nesse dia. D. Álvaro respondeu: «Pedi o que peço sempre, mas como se fosse a primeira vez; disse ao Senhor: "Peço-Te o que Te pedir o Padre"». Não é difícil imaginar que, durante a consagração ao Sagrado Coração de Jesus e ao longo de todo esse período tão difícil, D. Álvaro tenha repetido muitas vezes essa oração.

CAPÍTULO 11

Edificar o Opus Dei em Roma e a partir de Roma

São Josemaria tinha escrito em *Caminho*: «Católico, apostólico, romano! — Gosto que sejas muito romano». Este desejo não dizia respeito apenas às pessoas singulares: São Josemaria estava ansioso por «romanizar» o Opus Dei; e isso implicava, entre outras coisas, transferir a sede da Obra de Madri para Roma e mandar membros da Obra estudar para a Cidade Eterna, onde cresceria o seu amor pelo Santo Padre e pela Igreja Universal. Mas não era possível dar nenhum destes passos enquanto o Opus Dei dispusesse apenas de um pequeno apartamento em Roma. Desde que São Josemaria chegara a Roma que tanto Monsenhor Montini como Monsenhor Tardini o haviam instigado a procurar uma sede. Dizia-lhe Monsenhor Montini: «Mesmo que faça milagres fora de Roma, se não forem vistos em Roma, esses milagres não contam».

Nessa altura, o imobiliário em Roma tinha preços acessíveis. A Itália ainda estava a sofrer as consequências da devastação infligida ao país pela Segunda Guerra Mundial, e havia muitas casas no mercado a valores muito inferiores aos de anos anteriores. O problema era que o Opus Dei praticamente não tinha recursos: quase todos os seus cerca de 300 membros eram jovens, muitos ainda estavam a estudar, e a grande maioria vivia na Espanha; por outro lado, embora a Espanha tivesse conseguido não participar na Segunda Guerra Mundial, era nessa altura um país relativamente subdesenvolvido, que se debatia para recuperar-se da sua própria Guerra Civil. Assim sendo, o Opus Dei praticamente não tinha dinheiro, e também não tinha grandes perspectivas de vir a tê-lo em pouco tempo.

A maioria das pessoas teria reagido a esta situação comprando uma coisa pequena, na esperança de poder comprar outra maior no futuro. Mas São Josemaria e D. Álvaro eram homens de visão e de uma fé inabalável em que Deus proveria; por isso, puseram-se à procura de casas grandes, com terreno onde pudessem ser construídos mais edifícios.

Villa Tevere

No início de 1947, D. Álvaro conheceu o proprietário de uma ampla *villa* em estilo florentino com um jardim com cerca de 4 mil m^2, que ocupava a maior parte de um quarteirão de formato irregular no bairro Parioli, uma zona da cidade onde havia uma série de *villas* com grandes jardins e onde começavam nessa altura a ser construídos prédios de apartamentos de luxo. Na primeira visita que fizeram à propriedade, no começo de fevereiro de 1947, São Josemaria e D. Álvaro ficaram com a certeza de que tinham encontrado aquilo de que andavam à procura; ao longo do mês seguinte, D. Álvaro levou a cabo uma negociação intensa com o proprietário, e conseguiu reduzir bastante o valor que este pedia, de tal maneira que, como ele próprio comentaria anos mais tarde, aquilo foi «quase dado».

Porém, e por muito favorável que fosse o preço, a verdade era que os membros da Obra viviam amontoados num apartamento minúsculo e tinham tão pouco dinheiro que, quando tinham de servir uma refeição decente a convidados, passavam fome nas outras refeições; de maneira que não tinham nem uma pequena parte do valor necessário à compra da propriedade. O problema era ainda complicado por causa do caráter primitivo do crédito na Itália daquele tempo; com efeito, os bancos só faziam empréstimos a pessoas que detivessem um título de propriedade e, como seria de esperar, os vendedores não se mostravam dispostos a transferir um título de propriedade antes de terem nas mãos o dinheiro, ou uma garantia segura de que iriam recebê-lo.

No decurso daquele mês de negociações, contudo, o proprietário ganhou uma tal confiança em D. Álvaro que acordou em transferir o título de propriedade na base de um adiantamento simbólico, em moedas de ouro de cinco e dez dólares americanos, que tinham sido oferecidas a São Josemaria e que este estava a guardar para mandar fazer dois cálices. Dado que essas moedas estavam destinadas a ser fundidas para fazer os vasos sagrados, o contrato estipulava que seriam devolvidas quando se fizessem os pagamentos. O resto do pagamento seria efetuado no decurso dos dois meses seguintes, e estava dependente de conseguirem convencer um banco a emprestar-lhes esse valor, apesar de o Opus Dei não ser detentor de outras propriedades na Itália e não ter rendimentos regulares.

A ocupação da villa

Tomaram então posse da propriedade, a que chamaram Villa Tevere, em julho de 1947, mas não conseguiram tirar de lá os inquilinos da mesma. Por isso, só puderam ocupar uma pequena estrutura que estava dividida em duas residências, uma das quais tinha sido a casa do porteiro. Com efeito, a propriedade tinha sido alugada ao Governo da Hungria, que a utilizava como embaixada junto da Santa Sé; ora, as relações diplomáticas entre a Hungria e a Santa Sé tinham sido rompidas, mas havia um antigo funcionário da embaixada que continuava a viver na *villa* e se recusava a sair, principalmente porque não tinha para onde ir.

Embora a Santa Sé se mostrasse relutante em reconhecer que deixara de ter relações diplomáticas com um país onde havia tantos católicos, D. Álvaro acabou por conseguir obter uma declaração nesse sentido, graças à sua amizade com Monsenhor Tardini, que era o vice-secretário de Estado do Vaticano; essa declaração abriu caminho à tomada de medidas legais para expulsar o inquilino abusador.

Assim que conseguiu obter a declaração, em agosto, D. Álvaro mandou imediatamente mudar a fechadura da porta da *villa*, o que levou o inquilino a ameaçar disparar sobre qualquer pessoa que tomasse mais alguma medida para o desalojar. D. Álvaro respondeu a esta ameaça declarando que mandaria fechar os portões de toda a propriedade todas as noites às 23 horas, e não aceitaria mais mensagens; se o antigo funcionário da embaixada tivesse alguma coisa a dizer-lhes, que lho fosse comunicar pessoalmente, que ele logo decidiria se o receberia ou não. Nessa altura, o inquilino recuou e as negociações tornaram-se mais civilizadas.

Em janeiro de 1948, o húngaro acordou em sair e D. Álvaro acordou em permitir-lhe ficar até conseguir arranjar uma nova casa; este processo durou um ano, mas o homem acabou por abandonar a *villa* a 5 de fevereiro de 1949. No dia seguinte, o fundador, D. Álvaro e os outros membros da Obra mudaram-se para lá.

*A vida no **Pensionato***

Durante esse ano e meio de movimentações e conversações, tinham vivido apertados no edifício a que chamavam *Il Pensionato*. A habitação era constituída por uma pequena sala de estar, um oratório, uma sala de jantar e dois quartos. São Josemaria ocupava um quartinho úmido e pouco ventilado, onde estava instalada a única cama normal da casa; quando algum deles adoecia, cedia-lhe esse quarto e ia dormir para o chão, muitas vezes debaixo da mesa da sala de jantar. No outro quarto, acomodavam-se cinco pessoas em camas de campanha, e havia mais alguns que dormiam na entrada. D. Álvaro montava todas as noites uma cama de campanha num quartinho situado ao lado da porta, e tinha de se levantar muito cedo, porque era ali que os fornecedores vinham entregar o pão e outros produtos.

Para além de albergar todos os membros do Opus Dei que viviam em Roma, *Il Pensionato* também era a base das atividades apostólicas; com efeito, ali acorriam muitos jovens que assistiam a meditações e palestras de formação cristã, ou que iam visitar os amigos que viviam naquela casa. No outono de 1948, esta casa já sobrelotada ainda recebeu mais sete jovens, que foram dar início ao incipiente centro internacional de estudos do Opus Dei, o Colégio Romano da Santa Cruz; e, como não tinham espaço para uma biblioteca, os jovens estudavam sentados nas escadas.

O dinheiro era tão pouco que durante dois ou três anos não puderam ligar o aquecimento. Em janeiro, as temperaturas médias em Roma atingem um máximo de 12 graus e um mínimo de 2, de maneira que uma casa sem aquecimento rapidamente se torna gelada. São Josemaria teve uma paralisia facial parcial em consequência do frio, e D. Álvaro uma amigdalite.

Remodelar e reconstruir

A despeito da falta de dinheiro, os arquitetos que eram membros da Obra passaram o ano e meio das negociações com o inquilino a fazer os projetos dos acrescentos, nomeadamente vários andares para cima e vários andares para baixo; além disso, fizeram os projetos iniciais para mais meia dúzia de edifícios, dois grandes pátios interiores e uma série de pátios mais pequenos, destinados ao espaço do jardim e em torno da *villa*.

As obras iniciaram-se em julho de 1949 e prosseguiriam até janeiro de 1960. Durante esse período, foi D. Álvaro quem suportou o pesado encargo de arranjar dinheiro para pagar a construção e cobrir as despesas correntes. A princípio, para pouparem dinheiro, contrataram um pequeno empreiteiro, que lhes exigiu que se responsabilizassem pelos pagamentos semanais aos trabalhadores; este procedimento poupava dinheiro, mas impedia-os de disporem da almofada financeira que lhes seria proporcionada por um grande empreiteiro. Com efeito, era preciso fazer os pagamentos à medida que as obras iam avançando e que os materiais eram entregues, e essas despesas ascendiam a cerca de 3 milhões de liras por semana, o equivalente a cerca de 55 mil euros.

A responsabilidade de pagar todas as semanas aos trabalhadores pesava sobre os ombros de D. Álvaro, que tinha a consciência de que «se não lhes pagasse uma semana, eles não tinham dinheiro para alimentar a família». Mesmo nessa situação de tão grande aperto, D. Álvaro dava gorjetas generosas aos operários que trabalhassem especialmente bem, e fazia pagamentos especiais àqueles que se encontrassem nalguma situação de emergência. Além disso, tratava os operários e os fornecedores com enormes delicadeza e caridade, mesmo quando eles eram mais agressivos; em certa ocasião em que um marceneiro se enganou e fez mais genuflexórios do que os que tinham sido encomendados, a pessoa encarregada de pagar a conta sugeriu que pagassem apenas os que tinham sido encomendados, mas D. Álvaro insistiu em pagá-los todos, comentando: «Não seja sovina».

Para além das contas das obras, era preciso pagar as contas da alimentação, dos serviços e outras despesas correntes. Em abril de 1954, estavam de tal maneira atrasados no pagamento da conta do gás que a empresa mandou uma pessoa para lhes cobrar os pagamentos atrasados; caso contrário, cortava-lhes o gás nesse mesmo dia. Quando o cobrador chegou, às 11 horas da manhã, não havia dinheiro nenhum em casa; o homem acedeu a regressar às 13 horas, mas deixou bem claro que não prolongaria mais o prazo. Uns minutos antes das 13 horas, D. Álvaro chegava a casa com o dinheiro.

«Como conseguíamos pagar?», perguntaria anos mais tarde. «Nosso Senhor permitia-nos fazê-lo, com empréstimos e letras. Vendíamos o almoço para comprar a janta. Era uma verdadeira loucura e foi causa de muito sofrimento. Era um milagre. Não sei como conseguíamos, mas a verdade é que acabávamos sempre por pagar».

É indubitável que Deus os ajudava, mas tudo isso ficou também a dever-se ao esforço de D. Álvaro, que em 1949 fez três viagens a Espanha para arranjar dinheiro; tanto no seu país natal como em Roma, pedia empréstimos aos amigos, com base em hipotecas e letras de crédito. Por outro lado, a sua pessoa inspirava uma confiança tal aos bancos e a outras instituições de crédito que estes lhe concediam os empréstimos solicitados, a despeito dos riscos. Certa vez em que tinha de pagar uma soma muito elevada, D. Álvaro tentou várias vezes que o credor adiasse o prazo, mas em vão. São Josemaria pediu-lhe então que fosse tentar mais uma vez e o fundador e vários membros da Obra foram para o oratório rezar pelo bom resultado dessa diligência. Quando D. Álvaro regressou a casa, trazia na face um largo sorriso, que mostrava que tinha sido bem sucedido. Quando lhe perguntaram «Como é que conseguiste?», a sua resposta foi: «Obedeci».

Muitas vezes, ao aproximar-se o final da semana e não tendo em casa dinheiro que chegasse para pagar aos trabalhadores, D. Álvaro tinha de sair à rua para ir à procura dele — ainda que estivesse doente e cheio de febre. Um membro da Obra que o acompanhou numa dessas expedições ficou impressionado ao verificar que «ele não fazia o mais pequeno comentário ao esforço que aquilo lhe custava, mantendo o seu habitual sorriso e a sua paz cheia de simplicidade, como se fosse a coisa mais natural do mundo. Lembrei-me então daquilo que o nosso Padre dizia tantas vezes, que o nosso ascetismo é um ascetismo sorridente». Nessa ocasião, São Josemaria comentou com outros dois membros da Obra: «Todos os meus filhos na Obra são muito santos, mas entre o mais santo e D. Álvaro vai uma grande distância».

Enquanto passava por todos estes apertos, D. Álvaro mantinha o seu bom humor. Quando o seu principal colaborador nesta tarefa do financiamento das obras lhe observou, preocupado, que por aquele andar iriam parar à cadeia, D. Álvaro respondeu-lhe: «Se isso acontecer, não te esqueças de me levar uma máquina de escrever e muito papel». E, quando São Josemaria lhe fez um comentário semelhante, replicou-lhe: «Não se preocupe, Padre. Tendo em consideração as somas de que estamos a falar, quanto maiores forem as nossas dívidas, mais crédito nos darão». No entanto, apesar do bom humor com que encarava estas dificuldades, a tensão cobrava o seu preço, fazendo com que tivesse febres altas, cãibras e vómitos.

Só em 1955, seis anos depois de se terem iniciado as obras, conseguiram contratar um empreiteiro maior. Isso não permitiu reduzir as quantias que tinham de pagar, mas proporcionou-lhes mais espaço para respirar.

Os resultados da magnanimidade de D. Álvaro podem ser apreciados atualmente no complexo de edifícios que constituem Villa Tevere. Concluído em 1960, o complexo abarca 14 mil m^2 de espaço construído; pensado para durar pelos séculos fora, foi construído sem atender a poupanças. Os 22 oratórios, em especial, refletem, nas suas generosas dimensões e na sua elegante decoração, um amor a Deus que não se encolhia perante os sacrifícios. Confrontadas com um desafio quase impossível como este, muitas pessoas ter-se-iam certamente contentado com menos; mas D. Álvaro parece nunca ter vacilado no seu empenho de construir a sede de que o Opus Dei precisava para o futuro, por muito grande que fosse o preço pessoal a pagar por isso.

Reitor do Colégio Romano da Santa Cruz

Em consequência da aprovação vaticana, do regresso da paz e do número crescente de vocações, o Opus Dei ficou preparado para levar a sua mensagem a novos países e novos continentes. Mas, para isso, era preciso formar os seus membros em profundidade, com estudos de Filosofia e Teologia solidamente fundados no espírito do Opus Dei e na maneira de o viver. A melhor forma de conseguir essa instrução era o contato diário e direto com o fundador; e, se ele ia viver para Roma, era preciso criar um centro internacional de formação na Cidade Eterna.

A 29 de junho de 1948, São Josemaria fundou em Roma o Colégio Romano da Santa Cruz, e pediu a D. Álvaro que fosse reitor do mesmo. No primeiro ano, só receberam sete alunos; mas, embora o número fosse pequeno, o novo cargo exigia muito trabalho, porque era preciso conceber o currículo, formar os formadores e principalmente supervisionar a formação dos estudantes, muitos dos quais desempenhariam um papel de relevo na expansão do Opus Dei, quer como sacerdotes, quer como orientadores.

Um dos primeiros alunos do Colégio Romano recorda vivamente o tempo que passou em Roma com D. Álvaro: «Sempre que se cruzava com um de nós, tinha um sorriso que era uma expressão autêntica do seu profundo afeto fraterno. Durante os anos em que vivi a seu lado, corrigiu-me várias vezes sobre coisas relacionadas com a nossa vocação. [...] Corrigia-nos sempre que era necessário, sem permitir que os defeitos se instalassem, mas sem perder a visão sobrenatural e o afeto. Quando nos corrigia, percebíamos claramente o que tínhamos de mudar, mas ao mesmo tempo ficávamos contentes e agradecidos».

Sob a direção de D. Álvaro, o Colégio Romano cresceu rapidamente, e os sete alunos do primeiro ano transformaram-se em 14 no ano seguinte, em 20 no seguinte e em 123 em 1954, o ano em que ele abandonou o cargo, depois de ter alcançado a meta dos 120 alunos estabelecida pelo fundador. Continuavam a estar apertados em termos de espaço, e o dinheiro era tão pouco que os rapazes iam a pé para as aulas, percorrendo uma distância considerável para pouparem o que custava o bilhete do ônibus. Os que fumavam compravam os cigarros avulso, porque não tinham dinheiro para comprar um maço inteiro. E em várias ocasiões ofereceram-lhes dinheiro para comprarem um piano, mas acabaram por ter de o empregar em comida: «Comemos vários pianos», comentava São Josemaria, divertido.

Era manifesto que os estudantes precisavam de um lugar para onde pudessem abrigar-se do calor brutal que se fazia sentir em Roma durante o verão, mas isso não parecia possível. Quando D. Álvaro falou ao fundador de uma enorme propriedade agrícola que talvez pudesse comprar a um amigo na zona de Terracina, a meio caminho entre Nápoles e Roma, com acesso direto a uma praia não frequentada, São Josemaria respondeu-lhe: «Meu filho, nós nem dinheiro para comer temos!». Mas D. Álvaro replicou: «Padre, podíamos pelo menos tentar. Os rapazes precisam de um lugar para descansar durante o verão; doutra maneira, vão adoecer».

Graças à amizade de D. Álvaro com o proprietário e a um plano criativo, no final de 1951 conseguiram adquirir uma quinta com 1200 hectares de terreno. D. Álvaro concebeu um esquema financeiro que consistia em vender uma parcela de terreno a cada um dos quase 300 camponeses que tinham trabalhado naquela propriedade; e ainda arranjou maneira de organizar aulas de catecismo e de lhes melhorar a formação humana. O jornal do Vaticano descreveu o empreendimento como «um amplo programa de atividades sociais e apostólicas [...] uma reforma agrária com espírito católico».

A Obra manteve uma pequena fração da propriedade, que foi durante muitos anos usada como terra de cultivo, fornecendo legumes, leite, carne e outros produtos para o número cada vez maior de pessoas que viviam em Villa Tevere, ao mesmo tempo que funcionava, durante mais de 15 anos, como local de descanso para os estudantes do Colégio Romano. Inicialmente, as condições eram muito precárias, e as aulas dadas ao ar livre; como não havia dinheiro para comprar mesas e cadeiras, um estudante mais criativo sugeriu que fizessem umas covas circulares, com cerca de 0,5 m de profundidade por 7 m de diâmetro, para que pudessem sentar-se no chão, mas ter as costas apoiadas num muro de terra, durante as aulas.

Apesar da precariedade das condições, poder sair de Roma no verão e estar num local com acesso ao Mediterrâneo era muito melhor do que passar os meses mais quentes na cidade. Ainda assim, até 1957, D. Álvaro e São Josemaria continuaram a passar o verão todo em Roma, indo de vez em quando a Terracina para estarem com os alunos do Colégio Romano, mas voltando para casa ao final do dia. Quando finalmente conseguiram começar a sair durante uma parte do verão, D. Álvaro esforçava-se por fazer com que o fundador descansasse, em vez de procurar dedicar-se àquilo de que ele próprio mais gostava.

Os alicerces do Opus Dei na Itália

A despeito da premência de obter a aprovação pontifícia para o Opus Dei e da enorme quantidade de trabalho que tinha à sua espera quando regressou a Roma em 1946, D. Álvaro ainda arranjou tempo para cuidar espiritualmente dos dois membros da Obra que viviam na Itália há vários anos e para os ajudar no apostolado.

A primeira pessoa a pedir a admissão no Opus Dei na Itália foi um refugiado croata chamado Vladimir Vince, que tinha sido secretário de Anton Wurster, o representante junto da Santa Sé do Estado independente da Croácia, criado em consequência do desmembramento a que a Iugoslávia fora sujeita pelos alemães em 1941. Após a reunificação da Iugoslávia por Tito, em 1943, os dois homens tinham deixado de gozar de imunidade diplomática, e receavam ser presos pelos nazis, que na altura controlavam a cidade; foram por isso obrigados a procurar refúgio, primeiro num convento e depois num mosteiro. Depois de terem emergido dessa situação de clandestinidade, conheceram José Orlandis e Salvador Canals, dois membros da Obra que estudavam em Roma; em abril de 1946, pouco depois de conhecer Álvaro del Portillo, Vladimir pediu a admissão no Opus Dei[1].

Em carta a São Josemaria, Vladimir Vince refere a importância do papel que D. Álvaro desempenhou na sua vocação: «O pe. Álvaro é uma ajuda maravilhosa para mim. Resolve-me todas as dificuldades. Se às vezes não consigo explicar-lhe claramente o que se passa comigo, ele lê-me os pensamentos e compreende-me».

A mudança do apartamento de Città Leonina para *Il Pensionato* abriu as portas a um apostolado mais amplo junto de jovens italianos. D. Álvaro lançou-se à tarefa, pregando meditações e recolhimentos, ouvindo confissões e dando direção espiritual. Recusava-se a permitir que a doença o obrigasse a abrandar o ritmo; certo dia em que tinham aparecido no *Pensionato* diversos jovens, levantou-se às 6 horas da manhã para celebrar Missa para eles, apesar de estar enjoado e cheio de tonturas.

1 Anton Wurster viria a pedir a admissão na Obra vários anos depois, na Espanha.

Em novembro de 1947, Francesco Angelicchio, o primeiro italiano da Obra, pediria a admissão; nos três meses seguintes, mais três italianos pediram a admissão no Opus Dei. Ao longo de 1948, D. Álvaro acompanhou o fundador em diversas viagens, com o objetivo de preparar futuras atividades apostólicas no Norte e no Sul da Itália. Em outubro de 1948, São Josemaria criou a região de Itália e nomeou D. Álvaro seu «conselheiro», ou seja, o principal responsável pelas atividades apostólicas naquele país, cargo que este manteve até 1951.

Não contente com a difusão das atividades apostólicas do Opus Dei em Roma, D. Álvaro incentivava os jovens que tinham pedido recentemente a sua admissão na Obra a deslocarem-se a outras cidades ao fim de semana, e acompanhava-os nessas viagens. Durante o primeiro ano, visitaram pelo menos nove cidades, onde contataram com amigos e conhecidos, proferiram palestras de formação cristã, explicaram o espírito do Opus Dei e incentivaram os participantes a trazerem os seus amigos. No final de 1949, puderam abrir pequenos centros em Milão e em Palermo. Anos mais tarde, perguntaram a D. Álvaro como é que ele tinha conseguido fazer tanto sem dinheiro e com tão pouca gente; com uma expressão de perplexidade perante aquela pergunta, respondeu: «Quando se trabalha por Nosso Senhor, Ele tem o cuidado de nos dar o que é preciso».

Devido ao crescimento do apostolado do Opus Dei na Itália, tornou-se necessário adquirir um centro de convívios, retiros e outras atividades de formação. Em maio de 1948, D. Álvaro tinha pregado um retiro numa casa grande e bastante degradada localizada em Castel Gandolfo, a pequena cidade situada nas margens do lago Albano, a sul de Roma, onde se encontra a residência de verão dos Papas; o edifício, que era pertença do Vaticano, estava alugado a uma condessa de bastante idade, que ele tinha conhecido pouco tempo antes. Nos meses que se seguiram, D. Álvaro levou São Josemaria uma vez por outra a passear pelas margens do lago Albano, a fim de que o fundador fizesse um pouco de exercício, como lhe recomendara o médico; enquanto caminhavam, era frequente rezarem para poderem adquirir aquela casa e transformá-la num centro de convívios e retiros — algo que era mais complicado do que poderá parecer à primeira vista, dado que o terreno onde a casa estava construída pertencia à Santa Sé.

No ano seguinte, a condessa prescindiu dos seus direitos ao edifício e o Papa Pio XII conferiu ao Opus Dei o direito de o utilizar. Dado o estado precário das finanças da Obra, os custos de remodelação e manutenção do edifício foram uma nova e significativa dor de cabeça para D. Álvaro. Assim que tomaram posse da casa, a que chamaram Villa delle Rose, começaram imediatamente a dar ali um curso de Teologia a membros da Obra; durante mais de um mês, D. Álvaro e o fundador iam todos os dias de Roma até Castel Gandolfo para lhes darem palestras e aulas sobre o espírito do Opus Dei e conversarem pessoalmente com os participantes no curso.

No verão de 1950, as atividades apostólicas em Roma tinham-se desenvolvido de tal maneira que foi necessário arranjar outra casa. Os membros italianos da Obra descobriram uma moradia independente a cerca de meio caminho entre Villa Tevere e o Vaticano, que podia servir para esse objetivo. Porém, no dia para que estava marcada a entrevista com o proprietário, só tinham conseguido juntar uma pequena parte do valor necessário à compra da propriedade. Foram por isso ter com D. Álvaro, que lhes respondeu: «Vocês fizeram tudo o que podiam, Nosso Senhor fará o resto. Vão rezar». No dia seguinte, um benfeitor anônimo enviou o dinheiro necessário a São Josemaria, e a casa é, ainda hoje, um centro do Opus Dei.

Estudos e trabalho no Vaticano

O trabalho de D. Álvaro como principal colaborador de São Josemaria, procurador-geral do Opus Dei, reitor do Colégio Romano da Santa Cruz e conselheiro da Itália era uma carga impressionante; mesmo assim, ainda arranjou tempo para fazer um doutoramento em Direito Canônico e para trabalhar no Vaticano.

No ano académico de 1946-1947, inscreveu-se no curso de Direito Canônico do Ateneu Pontifício Lateranense; no ano seguinte, transferiu-se para o Ateneu Pontifício Angélico, e em 1949 concluiu o doutoramento *summa cum laude* com uma dissertação sobre os institutos seculares. Um dos seus professores declarou publicamente que D. Álvaro fora o melhor aluno que teve. Não satisfeito com este grau acadêmico, D. Álvaro continuou a estudar e a escrever, tendo publicado três artigos de investigação entre 1955 e 1959.

Após a promulgação da legislação sobre os institutos seculares, D. Álvaro foi, durante dois anos e meio, secretário da comissão da Congregação para os Religiosos que ficou encarregada de implementar a nova legislação, um cargo que lhe tomava a maior parte das manhãs. Mesmo depois de ter pedido a demissão deste cargo, continuou a passar grande parte das manhãs no Vaticano, trabalhando para a Santa Sé, uma circunstância que lhe proporcionava, como dizia numa carta que escreveu a sua mãe por ocasião do seu quadragésimo aniversário, «a alegria de dar o meu pequeno contributo em coisas que dizem respeito à Igreja Universal no seu centro, que é a Santa Sé».

De vez em quando, São Josemaria ia ao Vaticano ter com D. Álvaro, e voltava com ele a pé para casa. Durante o percurso, de quase 5 km, rezavam o Terço e conversavam sobre o trabalho que o fundador tinha feito durante essa manhã, os assuntos que tinham à sua espera para a tarde e os planos para o desenvolvimento do apostolado do Opus Dei. (O trabalho de D. Álvaro no Vaticano estava sujeito ao segredo de ofício, pelo que não podiam conversar sobre isso.)

Novamente secretário-geral

Em agosto de 1956, o Opus Dei organizou o seu segundo congresso geral em Einsiedeln, uma pequena cidade suíça onde existe um importante santuário dedicado a Nossa Senhora. O congresso decidiu transferir a sede central dos homens para Roma, onde já se encontrava desde 1953 a sede central das mulheres; e voltou a nomear Álvaro del Portillo secretário-geral da Obra, um cargo que ocuparia até 1975, altura em que se tornou o primeiro sucessor de São Josemaria.

No congresso de 1956, D. Álvaro foi também nomeado *custos* do fundador, isto é, uma das duas pessoas encarregadas de o acompanhar e de o ajudar nas questões materiais e espirituais. Deste modo, ficava oficialmente responsável por prestar a São Josemaria a ajuda espiritual que lhe vinha prestando ao longo dos anos, em especial desde que se tornara seu confessor.

Durante esse congresso, num momento em que D. Álvaro não estava presente, São Josemaria comentou que, se havia pessoa no Opus Dei que podia ser considerada seu colaborador, era D. Álvaro. Afirmou que confiava nos conselhos de D. Álvaro em todos os domínios e que raramente tomava uma decisão sem o consultar; estavam de tal maneira sintonizados um com o outro que muitas vezes bastava-lhes trocar algumas palavras para se entenderem.

A partir de 1956, era frequente os diretores regionais do Opus Dei reunirem-se em Roma, e D. Álvaro tinha um papel importante nessas reuniões, e em especial no reforço da unidade com o fundador. Um dos participantes nesses encontros comentaria que a atitude de obediência filial de D. Álvaro, a sua disponibilidade para tudo o que São Josemaria lhe pedisse e a sua atenção ao fundador eram «uma lição viva da unidade que tínhamos de viver para tornar fecundo o nosso apostolado em todo o mundo».

Nas décadas de 1950 e 1960, os corpos de governo internacional, quer dos homens, quer das mulheres do Opus Dei, eram constituídos por gente muito jovem, que se alternava com frequência. Tratava-se de uma excelente experiência para muitas pessoas que depois teriam cargos de responsabilidade no Opus Dei em todo o mundo, mas implicava muito mais trabalho para D. Álvaro, que tinha de as formar. São Josemaria tinha consciência disso e, quando comunicou a uma jovem que ela tinha sido nomeada procuradora das mulheres, acrescentou: «Não te preocupes, minha filha, D. Álvaro ensina-te tudo». Pela sua parte, D. Álvaro disse-lhe: «A única condição para apoiares eficazmente o Padre é seres humilde».

Nas suas relações, enquanto secretário-geral, com os membros do governo central, D. Álvaro evitava dar a sua opinião, preocupando-se antes em transmitir os propósitos do fundador. Da mesma maneira, quando pregava meditações aos membros da Obra de Roma, acentuava sempre a necessidade de serem fiéis ao fundador, chamando-lhes a atenção para o privilégio que era poderem aprender o espírito da Obra diretamente de São Josemaria, e a responsabilidade que isso acarretava.

A par do seu trabalho regular, D. Álvaro continuou a ser a pessoa a quem São Josemaria recorria quando precisava de resolver problemas especialmente difíceis. Assim, por exemplo, quando o Opus Dei quis começar a trabalhar na Irlanda, o arcebispo de Dublin recusou-se a dar autorização para a fundação de um centro, embora esse pedido fosse apoiado pelo representante do Papa na Irlanda. Em três momentos diferentes, três sacerdotes do Opus Dei foram visitar o arcebispo, mas nada conseguiram. Finalmente, São Josemaria pediu a D. Álvaro que fosse à Irlanda tentar resolver o problema. D. Álvaro não tinha mais argumentos do que os outros sacerdotes, mas a sua cordialidade e a sua simpatia conquistaram o arcebispo, que, para além de lhe conceder a necessária autorização, ainda o convidou para jantar, coisa que raramente fazia.

Falta de saúde

Nos 16 anos que mediaram entre a sua transferência definitiva para Roma (que teve lugar em 1946) e o começo do Concílio Vaticano II, D. Álvaro produziu uma quantidade de trabalho que teria sido impressionante num homem que gozasse de boa saúde; no seu caso, esse trabalho foi feito por um homem com grandes problemas de saúde. Com efeito, sofria de um problema crônico de fígado, que devia remontar às privações sofridas durante a Guerra Civil, nomeadamente aos maus tratos que recebera na prisão; em consequência disso, tinha, como já vimos, frequentes cãibras, febres altas, náuseas e vómitos. Também sofria de graves dores de cabeça, bem como de problemas de dentes, razão pela qual tinha de ir muitas vezes ao dentista. O excesso de trabalho, a falta de sono e a tensão constituiriam sem dúvida fatores agravantes destes problemas. A pessoa que escreveu o diário de Villa Tevere anota que os problemas de saúde de D. Álvaro se deviam a «excesso de trabalho e preocupação com tudo e com todos, exceto consigo».

Para além desses males crônicos, D. Álvaro passou por diversas crises graves. Em fevereiro de 1950, começou a ter grandes dores intestinais; como sempre, a sua primeira reação foi não dar importância a isso e continuar a trabalhar. Passados alguns dias, o fundador insistiu com ele para que fosse ao médico, que lhe diagnosticou uma apendicite e o enviou para uma clínica, para ser operado. Ao vê-lo cheio de dores, São Josemaria pôs-se a dançar, com o objetivo de o fazer rir e o distrair das dores.

Quando o cirurgião o abriu, deparou com aderências e necroses tais que concluiu que não podia fazer nada e preparava-se para fechar a incisão, quando o médico pessoal de D. Álvaro, o Dr. Faelli, que se encontrava na sala de operações, interveio: «Este homem é meu irmão; portanto, faz o que for preciso, mas tens de o salvar». A operação correu bem, mas levou muito mais tempo do que o previsto, pelo que a anestesia também levou muito tempo a passar, e D. Álvaro não acordava nem respondia quando o chamavam, mesmo que o fizessem em voz alta. Quando, porém, São Josemaria entrou no quarto e lhe disse, em tom normal «Álvaro, meu filho!», ele abriu imediatamente os olhos. O fundador comentaria depois: «Álvaro até dormindo obedece». A recuperação desta cirurgia foi difícil, e D. Álvaro chegou a delirar; durante esses delírios, repetia: «Quero trabalhar ao lado do Padre com todas as minhas forças até ao fim da minha vida».

Em 1959, teve outra crise: um abcesso da próstata, que teve de ser operado. A recuperação voltou a ser muito lenta, e esteve hospitalizado durante mais de um mês.

D. Álvaro via na doença uma oportunidade para se aproximar mais de Deus. «O Senhor sabe como nós somos», observava, «de maneira que, de vez em quando, manda-nos uma doença para nos aproximar mais d'Ele. Se for bem vivida, a doença une-nos a Deus e é um tesouro». Suportava as suas dores com alegria, bom humor e um sorriso, só interrompendo o trabalho em situações extremas; em muitos dias em que outro qualquer teria ficado na cama, continuava a trabalhar sem dar sinais de dor, sorrindo e preocupando-se com os outros.

Mortes na família

Na década de 1950, morreram duas pessoas cuja partida foi especialmente dolorosa para D. Álvaro: a sua mãe e a irmã de São Josemaria, Carmen. Clementina del Portillo morreu de repente, a 10 de março de 1955, em Madri. Estava a fazer um retiro numa igreja perto de sua casa e acabava de regressar a casa da Missa quando sofreu uma hemorragia cerebral de grandes dimensões; e morreu nessa noite. No estado em que as vias de comunicação ainda se encontravam em 1955, D. Álvaro não chegaria a tempo ao funeral, pelo que não se deslocou a Madri. Referindo-se à Missa que celebrara por alma da mãe ao saber da sua morte, diria numa carta que escreveu aos irmãos: «Nunca rezei com tanta devoção, nem as palavras da liturgia, *vita mutatur, non tollitur* [«a vida não acaba, apenas se transforma»], me deram tanta paz como hoje. O Senhor deu-me uma segurança que é quase mais física do que moral de que mamãe já se encontra no céu. E esta segurança traz consigo uma paz profunda, no meio da dor. [...] Sinto uma grande tristeza, não por mamãe, mas por mim, por todo o bem que deixei de fazer e por todo o mal que possa ter feito. Por tudo isto, peço perdão a Deus, à minha mãe e a vós».

Álvaro conhecia Carmen, a irmã de São Josemaria, desde que pedira a admissão na Obra, em 1935. Embora nunca tivesse pertencido à Obra, ela desempenhara um papel essencial no seu desenvolvimento, e vivia em Roma quando, em 1957, lhe diagnosticaram um câncer em estado muito avançado. São Josemaria, talvez receoso de que a emoção levasse a melhor sobre ele, pediu a D. Álvaro que lhe desse a notícia. E quando, meses mais tarde, chegou o momento de Carmen receber a Unção dos Enfermos, São Josemaria quis administrar-lhe o sacramento, mas assim que começou foi dominado pela emoção e teve de pedir a D. Álvaro que prosseguisse ele com a cerimónia. Concluída esta, o fundador voltou-se para algumas mulheres do Opus Dei que se encontravam ali presentes e pediu-lhes desculpa do mau exemplo que lhes tinha dado, ao que D. Álvaro atalhou imediatamente: «O Padre sempre nos ensinou que devemos ter coração, e acaba de demonstrar que o tem».

A cura de São Josemaria

D. Álvaro desempenhou um papel determinante num momento especialmente dramático da vida do fundador. Durante anos, tinha-lhe dado uma injeção de insulina antes do jantar. Ora, nessa altura, o médico tinha-lhe prescrito um novo tipo de insulina, de ação prolongada, e a 27 de abril de 1954, pouco depois de se sentar à mesa, São Josemaria começou subitamente a dizer: «Álvaro, a absolvição!». D. Álvaro não percebeu, e o fundador repetiu «a absolvição» por duas vezes, antes de começar ele próprio a recitar a fórmula da absolvição sacramental. Nesse momento, perdeu os sentidos, começou a ficar roxo, depois muito pálido e o seu corpo pareceu contrair-se. Posteriormente, os médicos explicaram que a crise fora uma reação alérgica aguda à nova insulina, mas na altura D. Álvaro não sabia o que se passava; deu-lhe imediatamente a absolvição, mandou chamar o médico e, supondo que se tratava de um excesso de insulina, meteu um torrão de açúcar na boca de São Josemaria, obrigando-o a engoli-lo com água. Quando o médico chegou, São Josemaria tinha recuperado a consciência, mas ficou cego durante várias horas; quando finalmente pôde ver-se ao espelho, comentou: «Álvaro, meu filho, já sei com que aspecto vou ficar quando morrer». «Agora está fresco como uma flor, Padre», respondeu-lhe D. Álvaro. «Devia ter-se visto há umas horas, estava realmente com ar de cadáver».

A partir desse momento, São Josemaria ficou curado da diabetes. Por conselho do médico, deixou de tomar insulina e nunca mais precisou de fazer a dieta específica que fazia até então, embora continuasse a sofrer até ao fim da vida de algumas das consequências da doença. O médico assistente declarou que aquela recuperação fora «uma cura cientificamente inexplicável».

CAPÍTULO 12
O Concílio Vaticano II

A 25 de janeiro de 1959, São João XXIII surpreendeu o mundo católico com o anúncio de que tinha decidido convocar um concílio ecumênico; tinha passado quase um século desde o encerramento do Concílio Vaticano I (1869-1870) e tinham decorrido quase 500 anos desde o Concílio de Trento (1545-1963). A preparação do concílio foi confiada a uma comissão chefiada pelo cardeal Tardini e todos os bispos do mundo foram convidados a sugerir temas para discussão nessa reunião magna da Igreja. Grande parte do trabalho preparatório inicial seria levado a cabo pelos departamentos do Vaticano que, como seria de esperar, pediram ajuda para dar despacho àquela carga adicional de trabalho.

Ao longo dos 16 anos que tinha vivido em Roma, D. Álvaro tinha conquistado, entre os membros da Cúria Romana, fama de inteligência, sensatez, amor à Igreja, diligência, capacidade de fazer muito em pouco tempo e excelentes competências de comunicação. Assim, a 2 de maio foi nomeado consultor da Sagrada Congregação do Concílio (que atualmente se designa por Congregação para o Clero) e, em agosto, presidente da comissão preparatória encarregada de organizar o material sobre os leigos, bem como membro da comissão sobre os métodos modernos de apostolado. Os documentos preparados pela comissão preparatória sobre os leigos chamavam a atenção para o chamamento universal à santidade, isto é, que Deus chama à santidade todos os homens e mulheres, e não apenas uns quantos escolhidos; este tema veio a ser um ponto fulcral do principal documento doutrinal do concílio, a constituição sobre a Igreja, sob o título *Lumen Gentium*. É bastante provável que D. Álvaro tenha desempenhado um papel significativo na redação deste documento.

No período que antecedeu a abertura do concílio, que teve lugar a 11 de outubro de 1962, D. Álvaro foi nomeado perito e, nessa condição, trabalhou em três comissões. A 8 de novembro de 1962, foi nomeado secretário da Comissão para a Disciplina do Clero e do Povo Cristão, o que significava que era o número dois desta comissão, presidida pelo cardeal Ciriaci.

Dirigir os trabalhos correntes da comissão e presidir às respectivas reuniões quando o cardeal estava ausente era uma tarefa ingente. Com efeito, as opiniões dos membros da comissão eram extremamente divergentes: uns consideravam que os sacerdotes eram, antes de mais, membros da hierarquia, outros que eram prioritariamente ministros; uns preferiam acentuar o papel do sacerdote na celebração da Eucaristia e na administração do sacramento da Penitência, outros chamavam especialmente a atenção para o ministério da Palavra. Entre os membros desta comissão contavam-se, para além do cardeal Ciriaci, mais dois cardeais, 15 arcebispos, 13 bispos e 40 peritos de 16 países; muitos tinham governado dioceses durante vários anos e detido outros cargos de responsabilidade na Igreja, estando por isso habituados a que a sua opinião prevalecesse.

Um canonista que com ele trabalhou, alguns anos depois, na Comissão para a Reforma do Código de Direito Canônico descreveu assim a atitude de D. Álvaro: «Durante as reuniões, seguia atentamente as discussões, tentando sempre chegar ao fundo do problema, e só intervinha para fazer observações específicas e muito concisas, não perdendo tempo com observações inúteis, que contribuiriam para prolongar desnecessariamente as reuniões. Estas qualidades de simplicidade, profundidade, eficácia, cordialidade e respeito explicam o elevado grau de estima em que era tido por todos e a atenção que prestavam às suas opiniões».

O trabalho da comissão era difícil e por vezes frustrante. As comissões preparatórias tinham redigido três decretos diferentes sobre diversas facetas da vida e do ministério dos sacerdotes. No começo de 1963, o grupo que dirigia os trabalhos do concílio decidiu que esses três decretos deviam ser convertidos num único decreto; não foi fácil chegar a acordo sobre os tópicos que deviam ser mantidos e os que deviam ser omitidos, mas a comissão conseguiu finalmente produzir um documento. Logo a seguir, contudo, em novembro de 1963, recebeu instruções para reduzir o texto a 10 proposições muito curtas; os padres conciliares debateram essas proposições entre os dias 13 e 15 de outubro de 1964 e, considerando-as insuficientes, rejeitaram-nas.

Embora a redação de um novo decreto implicasse muito mais trabalho para ele, numa altura em que sofria de conjuntivite e sinusite, D. Álvaro sugeriu que a comissão propusesse ao grupo de cardeais que dirigia o concílio a produção de um decreto inteiramente novo que tivesse em consideração tudo o que os padres conciliares haviam opinado durante a discussão das 10 proposições. Uma semana depois, a sugestão foi aceita. D. Álvaro voltou a convocar a comissão e informou os seus membros da necessidade de produzirem um novo texto, incorporando as muitas observações que haviam sido feitas durante o debate sobre as proposições rejeitadas; o novo texto teria de estar concluído em poucas semanas, para que os bispos pudessem levá-lo consigo para os respectivos países e estudá-lo antes da sessão seguinte.

A comissão podia recorrer a redações anteriores, mas chegar a acordo sobre um texto era uma tarefa extremamente exigente, especialmente tendo em consideração os enormes constrangimentos de tempo e o importante número de comentários a ter em conta. Houve muitos dias em que trabalharam até depois da meia-noite, quase sempre na residência onde se encontravam alojados os padres conciliares e os peritos, dado que as instalações do Vaticano fechavam ao fim da tarde.

A condução dos trabalhos por parte de D. Álvaro foi posteriormente descrita pelo cardeal Ciriaci como «sensata, tenaz e amável»; nas palavras do cardeal Mayer, um beneditino alemão, D. Álvaro tinha «um espírito sinceramente aberto aos novos horizontes que se abrem a cada momento no pensamento humano, mas completamente distanciado do engenhoso "espírito aventureiro" de alguns teólogos que gozavam de grande popularidade nos meios de comunicação. [...] O seu critério para a descoberta da verdade era a observação de São Vicente de Lerins, para quem o desenvolvimento do dogma pressupõe a preservação "do mesmo dogma, do mesmo sentido e do mesmo significado"».

Em 1994, recordando a sua própria participação no concílio, o presidente da Conferência Episcopal de Porto Rico acentuava a atitude positiva que D. Álvaro mantinha mesmo perante as dificuldades: «Sempre lhe ouvi palavras de compreensão e de desculpa dos outros. [...] Era edificante ver como era intransigente em relação ao erro, mas, ao mesmo tempo, compreensivo em relação às pessoas. Era capaz de ver um lado positivo em todas as coisas».

Por seu turno, o cardeal Tedeschini ficou impressionado com a fortaleza de D. Álvaro: «Quando tem de defender a Igreja ou a Obra», comentava, «defende-as com a força de um leão».

No final de novembro de 1964, a comissão concluiu a primeira redação daquele que viria a ser o decreto *Presbyterorum Ordinis*. No outono de 1965, no começo da quarta e última sessão do concílio, começou a desenhar-se uma importante dificuldade no horizonte. Com efeito, a redação tratava a questão do celibato com alguma demora e alguns jornalistas, que tinham a esperança de ver surgir um conflito nesta matéria, tiveram o gosto de saber, da boca de dois bispos, que estes tencionavam opor-se à exigência do celibato; ao saber disto, D. Álvaro informou o secretário-geral do concílio, que por sua vez informou o Papa Paulo VI, que entretanto tinha sucedido ao Papa João XXIII. Confrontado com possibilidade de uma cobertura midiática tendenciosa deste tema, o Papa escreveu aos padres conciliares, solicitando-lhes que se abstivessem de discutir este assunto, e acrescentando que desejava preservar essa antiga tradição da Igreja Latina, que refletia a total consagração dos sacerdotes a Cristo e a sua completa dedicação ao serviço da Igreja e das almas. Quando, a 11 de outubro, esta carta foi lida em voz alta, a grande maioria dos bispos rompeu em estrondoso aplauso. Embora não tivesse sido discutido durante o concílio, o tema do celibato foi intensamente explorado por escrito: houve mais de 1600 comentários, da autoria de mais de mil bispos.

O documento *Presbyterorum Ordinis*, aprovado pelos padres conciliares com 2394 votos a favor e quatro contra, está dividido em três grandes partes, onde se analisa o sacerdócio no ministério da Igreja, o ministério dos sacerdotes e a vida do sacerdote. Não é este o espaço para analisar o texto do decreto (que aliás está disponível no *website* do Vaticano), mas há um elemento que merece especial atenção: a fim de atender melhor às necessidades pastorais, alcançar uma distribuição mais adequada dos sacerdotes e dar apoio sacerdotal a tarefas pastorais específicas, o decreto apela à criação de estruturas mais dinâmicas e flexíveis, nomeadamente seminários internacionais, dioceses pessoais especiais e prelazias pessoais. Para além do seu possível impacto em muitas outras áreas da vida da Igreja, o apelo à criação de prelazias pessoais abriu a porta à possibilidade de o Opus Dei vir a ser uma delas, conduzindo assim ao seu termo a procura de uma solução jurídica adequada à natureza da Obra, que São Josemaria procurara durante toda a sua vida. É fácil imaginar a alegria de D. Álvaro ao ver o concílio votar quase unanimemente a favor deste decreto.

O material que a Comissão para a Disciplina do Clero e do Povo Cristão recebeu da comissão preparatória já continha uma referência às prelazias extraterritoriais, que é outra designação das prelazias pessoais. É muito provável que D. Álvaro tenha contribuído de forma decisiva para a preservação desta referência ao longo das muitas versões do documento que conduziriam, por fim, ao decreto *Presbyterorum Ordinis*; para determinar com precisão a natureza desse contributo, seria preciso fazer um estudo exaustivo dos trabalhos da comissão neste domínio específico. As prelazias pessoais não eram totalmente inéditas e D. Álvaro não era, de entre os redatores da *Presbyterorum Ordinis*, o único interessado no tema; com efeito, Marty, um dos membros da comissão, conhecia bem a Prelazia de Pontigni — mais conhecida por Mission de France — que foi, sob certos pontos de vista, uma precursora das prelazias pessoais, e é possível que outros membros da comissão tivessem interesse nesta matéria.

A presença em Roma de bispos e teólogos de todo o Mundo era uma oportunidade única para conhecer muitos deles e para lhes dar a conhecer o Opus Dei. Deste modo, e a despeito da pressão do trabalho, D. Álvaro passava muitas horas a conversar informalmente com bispos, a almoçar ou a tomar café com eles, e apresentava-os a São Josemaria; e estava quase sempre presente quando o fundador recebia ou ia visitar cardeais e bispos.

Muitas das pessoas que conheceu durante o concílio viriam a ser seus amigos para toda a vida. Um teólogo proeminente que participava em muitos congressos internacionais comentou certa vez que, quando dizia aos colegas que era do Opus Dei, quase todos lhe respondiam que tinham um grande amigo na Obra — Álvaro del Portillo. Outro indicador da impressão que D. Álvaro deixava nas pessoas foi a quantidade de bispos que lhe pediram que fosse seu confessor enquanto estavam em Roma.

D. Álvaro era geralmente aberto às pessoas, mesmo àquelas que o criticavam e ao Opus Dei. Certo dia, foi apresentado ao teólogo suíço Hans Küng, que tinha criticado abertamente o Opus Dei numa reunião com padres conciliares e peritos; em vez de se limitar a apertar-lhe a mão, D. Álvaro deu-lhe um abraço, comentando: «Como cristãos e como sacerdotes, devemos amar-nos um ao outro e rezar um pelo outro, e ainda mais porque ambos procuramos ajudar o Vigário de Cristo nos trabalhos do Concílio Vaticano II». E, embora Küng não aceitasse o convite, D. Álvaro ofereceu-se para lhe dar todas as informações sobre o Opus Dei que ele quisesse e para o apresentar ao fundador.

Contatos com o Papa Paulo VI

D. Álvaro teve duas oportunidades para se avistar com o Papa Paulo VI durante o concílio. Uma delas ocorreu durante uma audiência que o Santo Padre concedeu a São Josemaria a 24 de janeiro de 1964; no final da audiência, o Papa convidou D. Álvaro, de quem era amigo desde 1946, a entrar na sala e, recordando todos esses anos de amizade, comentou-lhe: «Tornei-me velho», ao que D. Álvaro respondeu: «Santidade, tornou-se Pedro». No final da audiência, enquanto lhes tiravam fotografias, o Santo Padre murmurava baixinho para Portillo: «*Don* Álvaro, *Don* Álvaro...».

A 21 de novembro de 1965, o Papa Paulo VI inaugurou o Centro ELIS, um grande centro cultural e de formação para jovens desfavorecidos erigido num bairro pobre dos arredores de Roma. O centro, que fora confiado ao Opus Dei por São João XXIII, tinha uma escola de ofícios com residência, uma biblioteca, campos de jogos e um centro de formação em hospitalidade para mulheres; ao lado, havia uma igreja paroquial de grandes dimensões e de construção recente, que fora confiada aos sacerdotes do Opus Dei. O Papa tinha sugerido que o centro fosse inaugurado durante uma das sessões do concílio, para que os cardeais e os bispos que se encontravam em Roma pudessem assistir à cerimônia — e muitos assim fizeram. Quando se ia embora, depois de ter procedido à dedicação da igreja e de ter visitado o Centro ELIS, o Papa deu um abraço a São Josemaria e comentou: «Aqui, tudo é Opus Dei». D. Álvaro ficou satisfeitíssimo com este elogio do Santo Padre ao trabalho que o Opus Dei ali fazia.

Uma atividade intensa

Devido ao seu trabalho como secretário-geral do Opus Dei, D. Álvaro tinha de recusar muitas oportunidades para fazer conferências e se avistar com grupos de padres conciliares em contextos que o tornariam mais conhecido nos círculos eclesiásticos; talvez por isto, os serviços que prestou durante o concílio não lhe valeram nenhuma promoção. Com efeito, os secretários das comissões foram, na sua grande maioria, elevados a bispos pouco depois de concluído o concílio, e muitos deles foram ocupar cargos de destaque no Vaticano.

D. Álvaro não ficou incomodado por não ser convidado para cargos de prestígio; pelo contrário, recusava qualquer oportunidade de ascender na hierarquia eclesiástica. A certa altura, um amigo ofereceu-se para o propor para um cargo importante na Congregação para o Clero, e D. Álvaro pediu-lhe que não o fizesse, explicando-lhe que era vontade de Deus que dedicasse a sua vida a ajudar o fundador do Opus Dei. O seu interesse não era fazer carreira eclesiástica, mas fazer a vontade de Deus.

Mesmo recusando muitos convites para fazer conferências e outras coisas do mesmo gênero, só conseguia cumprir todos os seus deveres privando-se de muitas horas de sono. Como dizia em 1961, em carta a um amigo: «Dizes que trabalho muito, e é verdade. Tenho de cortar cada vez mais no sono, mas não me importo de o fazer, para poder corresponder às exigências da minha vocação».

Naquilo em que não cortava era no tempo que dedicava diretamente a Deus. Celebrava Missa todos os dias, fazia uma hora de oração mental por dia, rezava o Ofício Divino e cumpria as restantes práticas de piedade que faziam parte do plano de vida que São Josemaria lhe tinha ensinado nos seus primeiros anos de vocação. E, longe de considerar que o tempo que dedicava à oração fosse um obstáculo para o trabalho, via na oração e na presença de Deus os meios para realizar tudo aquilo que tinha de fazer. Anos mais tarde, explicaria: «Para multiplicarmos o tempo [...], temos de ter mais presença de Deus. Assim, trabalharemos com mais paz e mais intensidade, e com mais desejo de fazer bem as coisas. Por consequência, o nosso tempo multiplicar-se-á, porque faremos as coisas melhor, com mais interesse, com maior desejo de as fazer bem. E assim distraímo-nos menos e perdemos menos tempo».

CAPÍTULO 13

A década pós-conciliar

Ao longo dos 10 anos que mediaram entre o final do concílio e a morte de São Josemaria, D. Álvaro continuou a trabalhar ao lado do fundador nas qualidades de secretário-geral do Opus Dei, seu confessor e seu mais próximo colaborador e confidente; e continuou a servir a Igreja Universal. Em 1964, tinha sido nomeado consultor da Comissão Pontifícia para a Revisão do Código de Direito Canônico, um cargo que lhe ocuparia grande parte do tempo durante quase 20 anos, até 1983, ano em que o novo código foi finalmente promulgado. Em 1966, o Papa Paulo VI nomeou-o consultor da Congregação para a Doutrina da Fé e juiz do respectivo tribunal; referindo-se ao trabalho de D. Álvaro nesta congregação, o cardeal Ratzinger (depois Papa Bento XVI) escreveria: «A sua atividade [...] de consultor durante muitos anos caracterizou-se pela sua modéstia e a sua disponibilidade em todas as circunstâncias. A sua competência e a sua experiência enriqueceram singularmente a congregação».

Embora não se tivesse alterado muito, exteriormente, nos anos que se seguiram ao concílio, a vida de D. Álvaro ficou contudo marcada por alegrias profundas e grandes tristezas. Observar o crescimento continuado e o desenvolvimento do Opus Dei era uma permanente fonte de alegria. Com efeito, a despeito da dissidência generalizada e dos múltiplos conflitos que tinham lugar no interior da Igreja, o Opus Dei mantinha-se unido ao

Santo Padre e ao seu fundador, o número de membros continuava a crescer rapidamente e, ano após ano, grupos substanciais de jovens que se tinham formado em Roma, ao lado do fundador, eram ordenados sacerdotes; durante a década de 1965-1974, ascenderam a quase 400, e o número total de membros do Opus Dei passou de 33 mil para 60 mil.

A fim de criar um local adequado para a formação dos jovens que todos os anos acorriam ao Colégio Romano da Santa Cruz, provenientes de todos os países do Mundo, o fundador decidiu construir um novo complexo de edifícios nos arredores de Roma. D. Álvaro apoiou entusiasticamente esta decisão, embora estivesse ciente de que isso implicaria uma nova carga de trabalho para ele e pareceria irrealista a muitos, numa altura em que tantos seminários estavam a fechar.

Júbilo perante os ensinamentos do concílio

Os resultados do Concílio Vaticano II foram outra fonte de alegria. D. Álvaro viu nos seus documentos uma efusão do Espírito Santo, que derramava a sua luz e a sua graça sobre a Igreja. Rejubilava com muitos dos ensinamentos do concílio, e em especial ao ver muitos elementos caraterísticos do espírito do Opus Dei serem propostos à Igreja Universal.

Na constituição dogmática sobre a Igreja, *Lumen Gentium*, o concílio declarava que «todos os fiéis de Cristo, sejam quais forem a sua condição e o seu estado, estão chamados à plenitude da vida cristã e à perfeição da caridade»; e também que «todos os fiéis de Cristo são convidados a lutar pela santidade e a perfeição no seu próprio estado» — ideias que constituíam o fulcro da mensagem do Opus Dei desde 1928.

O mesmo documento traçava um retrato do papel ativo dos leigos e do valor positivo da secularidade que era o que D. Álvaro ouvira a São Josemaria desde o começo da sua vocação: «O que caracteriza especificamente o laicado», ensinava o concílio, «é a sua natureza secular. [...] Graças à sua vocação específica, o laicado procura o Reino de Deus envolvendo-se nos assuntos temporais e ordenando-os segundo o plano de Deus. [...] É missão específica dos leigos iluminar estas atividades de modo a que elas nasçam e se desenvolvam continuamente segundo Cristo, para louvor do nosso Criador e Redentor».

O decreto sobre o apostolado dos leigos, *Apostolicam Actuositatem*, assinalava que Cristo não quer que os seus discípulos leigos sejam passivos, mas que contribuam ativamente para a vida da Igreja: «Também os leigos participam da missão sacerdotal, profética e real de Cristo, pelo que têm a sua participação própria na missão de todo o povo de Deus, na Igreja e no mundo». Os leigos são chamados a difundir a Boa Nova de Cristo, ensinava o Concílio, antes de mais no contexto da sua vida de todos os dias: «As suas atividades temporais são um testemunho claro de Cristo e promovem a salvação dos homens. Dado que os leigos, em consonância com o seu estado de vida, vivem no meio do mundo e das suas ocupações, são chamados por Deus a exercer o seu apostolado como fermento no meio do mundo, com o ardor do espírito de Cristo».

Estas facetas dos ensinamentos do concílio, que são a razão pela qual o Papa Francisco chamou a São Josemaria «precursor» do concílio, deram uma alegria especial a D. Álvaro.

Sofrer com a Igreja

A alegria que os ensinamentos do concílio lhe causaram não impediu que D. Álvaro sofresse intensamente com os muitos problemas que afligiram a Igreja nos anos que se seguiram ao Vaticano II. Em 1969, Yves Congar, um teólogo dominicano francês a quem São João Paulo II faria cardeal, publicou um livro sobre o concílio a cuja versão em inglês deu o título de *No Meio da Tempestade*. E o Papa Paulo VI lamentava: «Por uma fissura, o fumo de Satanás entrou no Templo de Deus», descrevendo a situação da Igreja como uma situação de «dúvidas, incertezas, perplexidades, inquietações, insatisfações e confrontos»; com efeito, em lugar da primavera que se esperava para o período pós-concílio, a Igreja sofria, nas palavras deste Papa, «um dia de nuvens, de tempestade, de escuridão, de procura e de incerteza». Por seu turno, São Josemaria descreveria a década que se seguiu ao encerramento do concílio como um «tempo de prova» para toda a Igreja.

A história da era pós-conciliar é complexa, mas há certos elementos que se destacam. Alguns dos que aplaudiram o Concílio Vaticano II por ser, não um desenvolvimento da tradição cristã, mas um corte revolucionário com a História da Igreja negavam abertamente conteúdos da doutrina, como a presença real de Cristo na Eucaristia e a indissolubilidade do Matrimônio. A rejeição dos ensinamentos tradicionais e da autoridade papal tornou-se drasticamente manifesta na recepção negativa à *Humanae Vitae*, a encíclica de Paulo VI sobre o controle da natalidade, que foi esvaziada de conteúdo por um relativismo corrosivo, com origem até naqueles que não se opunham diretamente aos ensinamentos da Igreja. Por outro lado, em muitos países, a pregação da caridade cristã e da unidade foi substituída pela promoção dos conceitos marxistas de luta e conflito de classes.

Muitas ordens religiosas sofreram uma drástica quebra no número de novos membros e um êxodo em massa dos existentes, um processo que conduziu, em muitos casos, quase a um colapso. Um grande número de padres abandonou o ministério sacerdotal e o número de seminaristas declinou de forma dramática. Assim, em 1970, havia 73 476 sacerdotes nos Estados Unidos; durante os 25 anos seguintes, foram ordenados 29 453, mas morreram 30 393 e 10 793 abandonaram o sacerdócio, de maneira que, em 1995, havia apenas 61 743 padres. Na Europa, o declínio foi ainda mais acentuado: passou-se de 272 935 sacerdotes em 1970 para 217 275 em 1995. Confrontado com estas circunstâncias, D. Álvaro, à semelhança de São Josemaria, rezava fervorosamente e fazia penitência, pedindo a Deus que apressasse o fim daquele tempo de prova.

D. Álvaro colaborou ativamente na difusão da doutrina da Igreja sobre o casamento e a sexualidade e de uma visão adequada dos ensinamentos do concílio, em especial nas áreas da sua especialidade. Com efeito, em 1969, publicou uma obra intitulada *Fiéis e Leigos na Igreja*, uma das primeiras apresentações sistemáticas da doutrina do concílio sobre o povo de Deus, que apelava a uma participação ativa e responsável de todos os fiéis na missão da Igreja, evitando quer o clericalismo, quer a passividade. No ano seguinte, e em resposta às dúvidas generalizadas sobre a identidade sacerdotal, publicou uma obra intitulada *Escritos sobre o Sacerdócio*, em que reunia uma série de artigos publicados anteriormente e nos quais, partindo do decreto *Presbyterorum Ordinis*, analisava a identidade do sacerdote em termos da sua consagração e da sua missão.

Na sua correspondência privada, animava as pessoas a serem muito fiéis à doutrina da Igreja, e a não se escandalizarem com nada que vissem ou ouvissem; e a um sobrinho que era membro de uma ordem religiosa que trabalhava nas missões escrevia: «Lembra-te do que te disse noutras ocasiões. Sê fiel à doutrina tradicional da Igreja. [...] Não omitas a oração, a leitura, a meditação do Santo Evangelho e as pequenas mortificações diárias, oferecidas a Deus e à Santíssima Virgem, nossa Mãe, com fervor e perseverança».

Também procurava animar os autores que eram alvo de críticas pela sua fidelidade à doutrina da Igreja. Assim, por exemplo, escreveu ao Professor Cornelio Fabro: «O senhor está a prestar um serviço maravilhoso à Igreja, nossa Mãe, assinalando claramente as raízes diabólicas dos males que nos afligem e que tantos danos causam a inúmeras almas. Que Deus o abençoe!». E felicitou o padre Philippe de la Trinité, carmelita, pela «clareza de ideias e rigor doutrinal» no estudo que escrevera sobre Teilhard de Chardin, classificando-o como «verdadeiramente um grande serviço à Santa Igreja e às almas».

Nos difíceis anos que se seguiram ao concílio, bem como durante o resto da sua vida, D. Álvaro deu mostras de uma abertura a novos desenvolvimentos, combinada com a fidelidade à doutrina perene da Igreja. Tinha o cuidado de distinguir a verdade revelada daquilo que era apenas patrimônio mutável dos tempos passados, e do que eram os conteúdos das diferentes escolas de pensamento. Procurava promover a unidade, o diálogo em vez do confronto, acentuar o que une em vez do que separa, e ser sensível a que muitos problemas, sejam eles políticos, econômicos ou sociais, têm uma multiplicidade de soluções compatíveis com a fé e a moral cristã. Por esta razão, defendia acerrimamente a liberdade em todas as suas manifestações — religiosas, culturais, econômicas, políticas, educativas e artísticas —, ao mesmo tempo que salientava que a verdadeira liberdade anda a par do sentido de responsabilidade pela verdade, que se opõe ao relativismo.

O estatuto jurídico do Opus Dei

Uma das atividades fulcrais de D. Álvaro na década que se seguiu ao concílio foi ajudar São Josemaria no seu esforço para encontrar um estatuto jurídico adequado ao Opus Dei.

A atribuição do estatuto de instituto secular ao Opus Dei em 1947, e depois em 1950, fora uma cedência dolorosa. Na altura, essa classificação era a única maneira de a Obra obter uma aprovação pontifícia, mas parecia indicar que a vocação para o Opus Dei implicava o «estado de perfeição», a que hoje se chama vida consagrada; trata-se de um estado de vida próprio dos cristãos que se consagram a Deus através dos três conselhos evangélicos pobreza, obediência e castidade, assumidos por meio de votos ou de quaisquer vínculos sagrados a eles equivalentes, recebidos ou reconhecidos pela autoridade hierárquica da Igreja. Ora, a pertença ao Opus Dei não implicava o estado de perfeição, mas o esforço de cada um para alcançar a perfeição cristã no seu próprio estado, fosse ele qual fosse.

Para uma pessoa que não tenha formação jurídica, isto poderá parecer um simples jogo de palavras. Contudo, graças à sua formação em Direito Canônico e à sua experiência de trabalho em questões jurídicas, quer no Opus Dei, quer no Vaticano, D. Álvaro tinha consciência da importância do que estava em causa; na verdade, se o Opus Dei fosse obrigado a manter durante muito mais tempo um estatuto jurídico que não era adequado à sua natureza, corria o perigo de o conteúdo da visão que São Josemaria tinha recebido em 1928 se ir perdendo gradualmente, e de, a despeito da sua participação na vida secular, os membros da Obra virem a ser vistos como pessoas consagradas com um estatuto especial na Igreja, um estatuto que não diferiria grandemente do dos membros das ordens religiosas.

Ora, isto seria essencialmente incompatível com o carisma fundacional do Opus Dei, já que a mensagem de base da Obra consiste na vocação para a santidade que todos os homens e mulheres recebem em consequência do Batismo; isto significa que essa vocação é dirigida a todos os cristãos, não exigindo nenhuma consagração para além do Batismo, nem nenhum estatuto para além do de fiéis comuns. Tratar como cristãos especiais aqueles que decidem levar a sério a vocação para a santidade na vida cotidiana seria contradizer a própria mensagem.

Desde que o Opus Dei fora classificado como instituto secular sempre houvera uma tensão entre a realidade da Obra e aquilo que muitas pessoas — incluindo a maioria dos funcionários do Vaticano — consideravam que eram os institutos seculares. A legislação que estabelecia o quadro legal dos institutos seculares previa que, em termos jurídicos, eles não fossem geralmente vistos como institutos religiosos ou sociedades de vida comum; contudo, a maior parte das pessoas via neles, nas palavras dos autores de um importante estudo sobre o estatuto jurídico do Opus Dei, «uma adaptação ou aproximação do estado religioso ao mundo, e não uma afirmação do potencial cristão da condição secular ou laical».

À medida que o tempo ia passando, muitas instituições que em pouco ou nada se distinguiam das ordens religiosas iam sendo aprovadas com o estatuto de institutos seculares; se tivermos em conta que, por outro lado, os funcionários do Vaticano tendiam a olhar para os institutos seculares com as lentes da vida religiosa, isso significava que, no começo da década de 1960, quase toda a gente considerava que os institutos seculares eram uma expressão mais flexível do estado de perfeição caraterístico das ordens religiosas. Por esta razão, São Josemaria começou a dizer que, na realidade, o Opus Dei não era um instituto secular, embora tivesse esse estatuto jurídico.

D. Álvaro partilhava o desejo que São Josemaria tinha de um estatuto jurídico mais adequado, que respeitasse o caráter inteiramente secular do Opus Dei e dos seus membros. E este desiderato tornou-se objeto da sua oração de petição — pode-se mesmo afirmar que se tornou o principal foco da sua oração; juntamente com São Josemaria, D. Álvaro rezava intensamente a Nossa Senhora: «*Cor Mariae dulcissimum, iter para tutum*» («Dulcíssimo Coração de Maria, prepara-nos um caminho seguro»).

Além disso, trabalhava com igual intensidade com São Josemaria numa possível solução. Assim, em 1960, e a pedido do fundador, deu início a prolongadas conversações com funcionários do Vaticano sobre a alteração do estatuto jurídico da Obra, mas disseram-lhe sempre que a possibilidade de mudança vinha ainda muito longe. Dois anos mais tarde, São Josemaria voltou a solicitar uma alteração de estatuto. Para além de trabalhar intensamente com o Padre nos documentos que acompanhariam esta segunda petição, D. Álvaro foi com ele em peregrinação ao Santuário de Nossa Senhora de Pompeia, perto de Nápoles, pedir à Santíssima Virgem que concedesse ao Opus Dei o adequado enquadramento jurídico; uma vez mais, contudo, a resposta foi negativa.

Numa audiência, a 10 de outubro de 1964, o Papa Paulo VI comunicou a São Josemaria que os documentos que estavam a ser preparados pelo concílio poderiam conter uma solução para o problema jurídico do Opus Dei; efetivamente, e como vimos, o decreto *Presbyterorum Ordinis* permitia a criação de prelazias pessoais, uma estrutura jurídica que refletia admiravelmente a realidade da Obra. Em meados da década de 1960, foram publicados vários documentos pontifícios que deram corpo a esta figura jurídica. D. Álvaro ajudou a redigir o mais importante desses documentos, o *motu proprio Ecclesiae Sanctae*. Pela primeira vez na história do Opus Dei, tinha sido criada na Igreja uma categoria jurídica adequada à Obra. Contudo, em vez de solicitar imediatamente a transformação do Opus Dei numa prelazia pessoal, São Josemaria preferiu continuar a esperar e a rezar, aguardando pelo momento mais adequado para fazer nova solicitação; e D. Álvaro participava fervorosamente dessa oração.

O Congresso Geral Especial do Opus Dei

Em 1969, São Josemaria convocou um congresso geral especial do Opus Dei destinado a sugerir revisões aos estatutos da Obra e a preparar a volumosa documentação que teria de ser entregue na Santa Sé. Nos meses que antecederam a abertura desse congresso, D. Álvaro acompanhou São Josemaria em peregrinação a vários santuários de Nossa Senhora por toda a Europa, para rezarem pela Igreja, pelo Papa e pelo trabalho do congresso. São Josemaria explicava que iam rezar à Santíssima Virgem porque «Ela foi a Mãe boa que nos consolou, nos sorriu, nos animou nos momentos difíceis da nossa bendita luta para fazer avançar este exército de apóstolos por todo o mundo».

O congresso geral foi inaugurado a 1 de setembro de 1969, e nele participaram 87 homens e 105 mulheres, assumindo D. Álvaro a função de secretário-geral. A abrir, D. Álvaro apresentou uma declaração de unidade com o fundador e de fidelidade ao seu espírito; muitos anos antes, referiu, a Santa Sé tinha conferido ao fundador a faculdade vitalícia de propor alterações ao direito próprio do Opus Dei, pelo que ele não precisava da autorização de nenhum membro do Opus Dei para o fazer. «Se o Padre quis convocar este congresso geral, nós faremos tudo o que estiver ao nosso alcance para lhe prestar a nossa colaboração alegre, na certeza de que o Padre aceitará ou deixará de aceitar tudo o que lhe parecer adequado nas nossas propostas».

A primeira sessão do congresso durou duas semanas. Tendo sublinhado a necessidade de um enquadramento jurídico adequado para o Opus Dei, o congresso sugeriu para esse efeito a categoria das prelazias pessoais, tal como estava delineada nos documentos do Concílio Vaticano II e como fora desenvolvida em documentos pontifícios posteriores. O congresso geral acordou voltar a reunir-se um ano depois; no entretanto, D. Álvaro informou a Santa Sé de que seriam organizadas sessões de trabalho especiais em todo o mundo, para conceder a todos os membros da Obra a possibilidade de fazerem sugestões a considerar na segunda sessão.

Nuvens de tempestade

Durante a primeira sessão do congresso geral ou logo a seguir, São Josemaria foi surpreendido pela notícia, que recebeu por via indireta, de que tinha sido criada no Vaticano uma comissão especial destinada a estudar a situação dos institutos seculares que desejavam deixar de ser tratados como tal, nomeadamente o Opus Dei. A formação desse grupo, sem consulta prévia ou sequer informação ao fundador do Opus Dei, era preocupante, em especial porque alguns membros dessa comissão eram reconhecidamente hostis à Obra; especialmente preocupante era a preponderância que o arcebispo Giovanni Benelli, vice-secretário de Estado para os assuntos ordinários e figura muito influente no Vaticano, tinha tido na sua criação.

Com efeito, entre 1962 e 1965, Giovanni Benelli tinha sido conselheiro da Embaixada do Vaticano na Espanha e gerara-se um grave desentendimento entre o arcebispo e o Opus Dei. Nessa sua qualidade, Benelli esforçara-se por distanciar a Igreja do regime de Franco e pedira a São Josemaria que convencesse o pequeno número de membros do Opus Dei que faziam parte do Governo de Franco a pedirem a demissão. São Josemaria recusou-se a fazê-lo, argumentando que os membros do Opus Dei tinham completa liberdade em termos políticos e que a Obra não podia nem devia tentar influenciar as suas decisões políticas. Se os membros da hierarquia espanhola achassem que deviam apelar oficialmente a todos os católicos para se recusarem a cooperar com o Governo, os membros do Opus Dei seriam evidentemente obrigados a obedecer, como todos os católicos; mas o Opus Dei não podia dizer aos seus membros que opiniões políticas haviam de ter.

Giovanni Benelli não reagiu bem a esta posição e as relações entre os dois esfriaram bastante, possivelmente porque Benelli não compreendeu que o que movia São Josemaria não era o desejo de apoiar o regime de Franco, mas a necessidade de defender uma caraterística fundamental do espírito do Opus Dei: a liberdade política dos seus membros.

Fosse como fosse, a hostilidade, ou pelo menos a frieza do arcebispo Giovanni Benelli era motivo de grande preocupação no final da década de 1960, dado que ele se tornara uma das figuras mais influentes do Vaticano, tendo sido descrito pela revista *Time*, em 1967, como o «poderoso número dois» do Papa Paulo VI.

O futuro cardeal acabaria por ganhar grande confiança em D. Álvaro, cujos conselho e auxílio pediria anos mais tarde, quando se tornou arcebispo de Florença; e escreveria ao Papa a pedir-lhe que desse início à causa da canonização de São Josemaria. Por seu turno, D. Álvaro tratou-o, desde o princípio, não só com respeito, mas também com afeto sincero, o que poderá explicar a mudança de atitude do prelado; na década de 1960, contudo, ele estava longe de ter boas disposições relativamente ao Opus Dei.

Com a ajuda de D. Álvaro e de outras pessoas, a 16 de setembro de 1969, São Josemaria escreveu ao Santo Padre, juntando à carta um resumo do que ocorrera durante a primeira parte do congresso geral especial e uma longa explicação das razões que o levavam a solicitar que não fossem tomadas quaisquer decisões sobre o estatuto jurídico do Opus Dei enquanto o congresso geral especial estivesse a decorrer.

Alguns dias depois, o secretário de Estado telefonou a dizer que era verdade que a comissão existia, mas que o seu objetivo era exclusivamente estudar a situação dos institutos seculares constituídos por sacerdotes; e acrescentou que o Santo Padre ficara magoado com algumas expressões contidas na carta. São Josemaria escreveu imediatamente outra carta, explicando a origem e o significado da carta anterior e expressando novamente a sua lealdade filial ao Papa. «Peço a Vossa Santidade que perdoe com todo o vosso coração qualquer desagrado que possa ter-lhe causado, certamente contra a minha vontade. Coloco com a maior confiança nas vossas mãos o meu desejo de esclarecer esta questão, inteiramente ciente de que a paternal preocupação do Pastor Supremo encontrará a melhor maneira de o receber, o compreender e o satisfazer inteiramente». São Josemaria foi visitar o arcebispo Benelli por duas vezes, numa tentativa de esclarecer as coisas, mas a recepção do prelado foi fria, e mesmo desconfiada. Pouco depois, o secretário de Estado escreveu uma carta a solicitar uma lista com os nomes dos membros da Obra que trabalhavam na Cúria Romana; era uma solicitação tão estranha que parecia indiciar um elevado grau de desconfiança, mas São Josemaria respondeu imediatamente, enviando a informação solicitada. Uma vez mais, D. Álvaro, na qualidade de mais íntimo colaborador de São Josemaria, partilhou com ele a angústia perante estes acontecimentos.

À vossa proteção nos acolhemos

Na primavera de 1970, D. Álvaro acompanhou São Josemaria em diversas peregrinações, nomeadamente a Fátima, a Torreciudad, no Norte da Espanha, onde os membros do Opus Dei, com a ajuda de muitas outras pessoas, estavam a construir um santuário à Mãe de Deus. Pouco depois de regressarem, D. Álvaro foi visitar o cardeal dell'Acqua, vigário do Papa para a diocese de Roma, para lhe explicar por que razão o Opus Dei queria ser uma prelazia pessoal.

A 1 de maio de 1970, São Josemaria anunciou que tinha decidido fazer uma peregrinação a Nossa Senhora de Guadalupe, no México, acompanhado por D. Álvaro; aí, fizeram uma novena a Nossa Senhora, passando várias horas por dia a rezar pela Igreja, pelo Papa e pelo Opus Dei. D. Álvaro e São Josemaria regressaram do México cheios de confiança em que Nossa Senhora de Guadalupe, a quem tinha rezado com tanto fervor, resolveria, mais cedo ou mais tarde, a questão do estatuto jurídico do Opus Dei.

A segunda sessão

A segunda sessão do congresso geral estudou mais de 50 mil notas e sugestões apresentadas por membros do Opus Dei de todo o mundo, e os delegados aprovaram unanimemente uma resolução solicitando que o fundador «renovasse, no momento e da forma que achasse oportuno, a sua humilde e confiada solicitação de que a Santa Sé resolva definitivamente o problema institucional do Opus Dei». E com isto terminou a segunda sessão.

Embora as principais sessões tivessem terminado, o congresso não estava oficialmente encerrado, e foi criada uma pequena comissão técnica de canonistas com o objetivo de estudar, juntamente com D. Álvaro e o fundador, o direito próprio do Opus Dei à luz das conclusões do congresso. O processo de elaboração do novo estatuto do Opus Dei foi longo e laborioso, mas ele foi aprovado a 1 de outubro de 1974; a partir dessa altura, era questão de esperar pelo momento oportuno para solicitar à Santa Sé que transformasse o Opus Dei em prelazia pessoal, um passo que alteraria o estatuto jurídico da Obra, que assim deixaria de estar subordinada à Congregação para os Religiosos e os Institutos Seculares e passaria a estar dependente da Congregação para os Bispos, sem sofrer nenhuma alteração da substância, do espírito ou do papel que desempenhava na vida da Igreja. Este passo ainda não tinha sido dado quando, a 26 de junho de 1975, São Josemaria morreu inesperadamente; seria D. Álvaro a concluir este processo.

Com São Josemaria nas viagens catequéticas

Durante a sua estada no México, em 1970, São Josemaria encontrou-se com uma série de membros do Opus Dei, cooperadores e pessoas que participavam dos apostolados da Obra, tendo conversado informalmente com eles sobre questões de fé, e sobretudo respondido às suas perguntas. Essas tertúlias no México, em que D. Álvaro também participou, criaram um estilo que se repetiu noutras sessões, estas bastante mais amplas, que tiveram lugar noutros países durante os últimos três anos de vida do fundador.

Embora São Josemaria classificasse por vezes essas tertúlias com um grande número de pessoas como «catequeses», esta designação pode dar a impressão de que os encontros eram muito mais formais e estruturados do que na realidade eram. Na maioria dos casos, São Josemaria nunca falava por mais de 10 minutos, e em seguida dava a palavra às perguntas, que eram sempre numerosas; e as pessoas faziam perguntas sobre todo o gênero de coisas: como amar mais a Nossa Senhora, como fazer apostolado com os colegas, como aproveitar melhor o tempo, como lidar com situações difíceis, em casa ou no trabalho, e muitas outras.

São Josemaria criava em torno de si um ambiente tão íntimo e caloroso que as pessoas não hesitavam em colocar, perante centenas e às vezes milhares de pessoas, perguntas que refletiam manifestamente problemas pessoais; por seu turno, São Josemaria fazia questão de responder diretamente, como se estivesse a falar a sós com aquela pessoa. Quando os grupos eram maiores, as pessoas falavam ao microfone e ele pedia que outra pessoa se colocasse ao lado da que fazia a pergunta com uma luzinha vermelha, a fim de que ele pudesse localizá-la melhor e dirigir-se-lhe diretamente. As suas respostas eram geralmente curtas, e sempre positivas e animadoras.

Na sua primeira grande viagem catequética, que teve lugar no outono de 1972, São Josemaria deslocou-se a Espanha e Portugal. Depois, na primavera de 1974, fez uma segunda viagem pelo Brasil, a Argentina, o Chile, o Peru, o Equador e a Venezuela; nesta deslocação, tinha planejado ir à Guatemala, mas teve problemas de saúde, que o obrigaram a encurtar a viagem. Regressou à Venezuela e foi à Guatemala em fevereiro de 1975; contudo, pouco depois de chegar a este país, voltou a ter problemas de saúde e viu-se obrigado a regressar a Roma.

D. Álvaro acompanhou São Josemaria nessas viagens e esteve presente em praticamente todas as tertúlias. Durante uma delas, em Barcelona, uma mulher contou ao fundador que uma amiga dela, que tinha estado presente numa tertúlia anterior, ficara impressionada com o óbvio afeto com que D. Álvaro ouvia coisas que já devia ter ouvido centenas de vezes; e comentou que a amiga observara que as pessoas do Opus Dei tinham muito afeto umas pelas outras. São Josemaria respondeu-lhe: «Ela tem razão. Gostamos muito uns dos outros! E esse é o maior elogio que nos podem fazer, porque os pagãos diziam dos primeiros cristãos: "Vede como eles se amam"».

D. Javier Echevarría, que também acompanhou São Josemaria nessas viagens, comentou: «Sempre vi D. Álvaro eclipsado, na retaguarda, mas onde pudesse ver, ouvir e cuidar do nosso Padre. Olhava para ele [...] com desejo de aprender com ele. [...] Sempre o vi atento ao nosso fundador, apoiando-o em tudo, ajudando-o a levar o Opus Dei para diante». Especialmente durante as duas últimas viagens, o serviço de D. Álvaro ao fundador manifestou-se em vários cuidados com a sua saúde, nomeadamente insistindo para que parasse e descansasse o tempo necessário para recuperar do mal-estar que o afetava.

Para além de apoiar São Josemaria, D. Álvaro também contribuiu muito para promover o espírito de família entre os membros do Opus Dei com quem se avistou nessas viagens. Disse um deles: «Álvaro deu mostras do seu afeto por nós em coisas pequenas, fazendo comentários simpáticos e perguntas oportunas. Tinha o cuidado de não chamar a atenção, mas irradiava calor e afeto de maneira discreta». A pessoa que escrevia o diário do centro do Opus Dei onde São Josemaria e D. Álvaro ficaram instalados no México comentou: «D. Álvaro também nos impressionou a todos. Está sempre ao lado do Padre, com uma fidelidade e uma finura de trato que é o melhor exemplo para todos nós. Em mais de uma ocasião em que D. Álvaro não estava presente, o Padre elogiou-o. Mas, mesmo que não o tivesse feito, não podíamos deixar de reparar no apoio e no afeto que dá ao Padre. [...] Foi para nós um modelo da maneira de tratar o Padre».

D. Álvaro conseguiu convencer o fundador a permitir que estas tertúlias multitudinárias fossem filmadas. A princípio, São Josemaria resistiu à ideia, mas D. Álvaro convenceu-o salientando que, caso contrário, as gerações futuras pensariam que os seus filhos ou eram tontos, ou não gostavam dele. «E tontos podemos ser», concluiu D. Álvaro, «mas não tanto. E gostamos muito do Padre».

CAPÍTULO 14

O sucessor do fundador

À medida que a década de 1970 ia avançando, a insuficiência cardíaca de que São Josemaria sofria ia-se acentuando gradualmente; além disso, tinha problemas de visão, que eram uma consequência da diabetes. Apesar de tudo isto, em 1975, nem D. Álvaro nem as outras pessoas que viviam com São Josemaria estavam à espera de que ele morresse tão cedo.

A 25 de junho, o fundador celebrou, na companhia dos membros do Conselho Geral, o aniversário da ordenação de D. Álvaro e dos três primeiros sacerdotes do Opus Dei. Na tertúlia do almoço, tomaram um cálice de um licor húngaro que lhes tinha sido oferecido por um professor, que o recebera de um amigo; como era seu hábito, São Josemaria não provou a bebida e, por qualquer razão, pediu a D. Álvaro que também não a tomasse. O Padre deu provas do seu habitual bom humor, comentando a curiosidade estampada no rosto dos presentes enquanto esperavam que lhes servissem aquele licor desconhecido.

Na manhã seguinte, depois da Missa e de um café da manhã ligeiro, D. Álvaro e D. Javier Echevarría acompanharam São Josemaria ao centro internacional de formação para mulheres do Opus Dei, em Castel Gandolfo; após uns minutos de conversa informal, na qual o fundador animou as suas filhas a terem alma sacerdotal, São Josemaria começou a sentir-se mal e teve de interromper a tertúlia. Depois de descansar uns momentos no quarto do sacerdote, anunciou que estava em condições de regressar a Roma. D. Álvaro tentou convencê-lo a descansar mais algum tempo, mas ele declarou que estava bem, e que queria regressar a casa.

Chegaram a Villa Tevere uns minutos antes do meio-dia. São Josemaria teve tanta dificuldade em subir as escadas que D. Álvaro receou que ele morresse ali mesmo. Ainda assim, o fundador foi uns momentos ao oratório, cumprimentar o Senhor no Santíssimo Sacramento com uma genuflexão lenta e devota e um ato de amor. Segundos depois de ter entrado no gabinete de D. Álvaro, onde trabalhava habitualmente, São Josemaria chamou o seu secretário, D. Javier Echevarría: «Javi! Javi! Não me sinto bem!»; e caiu ao chão. Um médico que se encontrava ali ao pé tentou imediatamente reanimá-lo com oxigênio, injeções e massagens cardíacas. D. Álvaro deu-lhe a absolvição e administrou-lhe a Unção dos Enfermos. Durante a hora e meia que se seguiu, continuaram a tentar recuperar o fundador, enquanto D. Álvaro repetia várias vezes a fórmula da absolvição; entretanto, telefonou para a diretora central e pediu-lhe que todas as pessoas que se encontravam em casa fossem ao oratório rezar durante pelo menos 10 minutos com grande intensidade por uma intenção muito urgente. Às 13.30, aceitou finalmente a evidência de que o fundador tinha morrido.

O primeiro pensamento de D. Álvaro, ao tomar o corpo morto do Padre nos braços, foi: «Agora ficámos verdadeiramente órfãos»; mas corrigiu-se imediatamente: «Não, não ficámos órfãos. Não estamos órfãos. Deus, que é nosso Pai, está no céu. E além disso temos o nosso fundador com Ele».

Os membros do Conselho Geral soluçavam, mas D. Álvaro, como filho mais velho, não pôde ceder à dor. Dispôs que a notícia da morte do fundador fosse comunicada aos membros do Opus Dei de todo o mundo, bem como à Santa Sé e à imprensa, e começou a fazer os preparativos para o funeral e para as missas que seriam continuamente celebradas no oratório onde o fundador seria velado.

Outra decisão a tomar dizia respeito à inscrição a colocar no túmulo do fundador. Em 1957, São Josemaria tinha declarado que gostava que escrevessem: «*Iosephmaria Escrivá de Balaguer y Albás. Peccator. Orate pro eo*» («Josemaria Escrivá de Balaguer y Albás. Pecador. Rogai por ele»). Se quisessem, acrescentou, poderiam acrescentar: «*Genuit filios et filias*» («Gerou filhos e filhas»); mas, quando chegasse o momento, fizessem o que lhes parecesse melhor. D. Álvaro sabia que, durante anos, o fundador tinha assinado «Josemaria, pecador», mas sentia que, em consciência, não podia pôr isso no túmulo do fundador, pelo que optou por duas simples palavras: «El Padre».

A despeito de tudo aquilo a que teve de atender, e da dor que lhe pesava no coração dificultando-lhe a tarefa de pensar com clareza, três dias depois da morte de São Josemaria D. Álvaro escreveu uma carta com cerca de 6 mil palavras a todos os membros da Obra relatando os pormenores da morte e do funeral do fundador. Salientando a importância da humildade, urgia-os a que «pedissem a Nosso Senhor, por intercessão do Padre, que conceda a cada um de nós a graça de uma fome santa de desaparecer, de ser o último, de obedecer com mais delicadeza do que nunca»; e recordava-lhes que deviam ter uma vida de piedade sólida, acompanhada do desejo de «converter cada uma [das normas de piedade do plano de vida] num encontro mais íntimo com Deus».

Embora fosse, com grande probabilidade, aquele que mais profundamente sentia a morte de São Josemaria, dedicou-se a ajudar os outros, como escreveria mais tarde

D. Javier Echevarría, «apoiando a todos com fortaleza e uma paz extraordinária»; acerca da carta que escreveu aos membros da Obra, observa um biógrafo português de D. Álvaro: «Ele, o sorridente e silencioso, derrama na carta tudo o que lhe vai na alma; e, sem uma hesitação, interpreta o pensamento do Fundador, agora ausente, e fala em seu nome».

A eleição para o cargo de presidente geral

Na sua qualidade de secretário-geral, D. Álvaro assumiu automaticamente a direção do Opus Dei, enquanto não tinha lugar a eleição do sucessor do fundador. São Josemaria tinha declarado que, quando ele morresse, não queria que houvesse nenhuma agitação; muitas instituições da Igreja tinham sofrido grandes traumas nessas circunstâncias, mas na Obra não seria assim. Tendo interiorizado este princípio, e querendo evitar perturbar os planos que já tinham sido feitos em muitas regiões para as atividades de formação do verão, D. Álvaro marcou o congresso eleitoral para 14 de setembro.

Há várias décadas que era evidente que D. Álvaro era a pessoa que São Josemaria tinha identificado e formado meticulosamente para ser o seu sucessor; ainda dois dias antes da sua morte, apontando para D. Álvaro, tinha comentado com monsenhor Joaquín Alonso: «Meu filho, se não fordes tontos, quando eu morrer seguireis este vosso irmão». Apesar disto, D. Álvaro não tratou a sua eleição como uma decisão antecipada.

Na homilia que pregou na Missa do Espírito Santo que celebrou na inauguração do congresso eleitoral, voltou a salientar a importância da humildade: «A graça de Deus penetra como um raio de luz na alma humilde, onde fica a tremeluzir. A soberba, pelo contrário, corta o raio de luz, deixando a alma às escuras»; e, depois de pedir fidelidade ao espírito do fundador, concluiu: «Devíamos preferir morrer mil vezes a ser infiéis!».

Noutra ocasião, um membro da Obra que estava a conversar com ele enquanto esperavam pelo jantar comentou que determinado acontecimento se tinha dado «no tempo do nosso Padre». D. Álvaro corrigiu-o imediatamente, com um sorriso: «Na Obra, estamos sempre no tempo do nosso Padre».

Sem surpresa para ninguém, a 15 de setembro de 1975, o congresso escolheu unanimemente D. Álvaro para sucessor de São Josemaria; e ele disse aos eleitores que o tinham escolhido «porque sabíeis que eu era a pessoa que tinha passado mais tempo ao lado do nosso Padre, e queríeis a continuidade. Não votastes por Álvaro del Portillo; quem elegestes foi o nosso Padre». Quando, após a eleição, foi rezar ao túmulo de São Josemaria, os membros da Obra que ali se encontravam fizeram menção de se levantar, por uma questão de respeito; mas D. Álvaro disse-lhes: «Não vos levanteis; onde há comandante, não manda o grumete, e o comandante está ali». Depois ajoelhou-se, beijou a pedra tumular e prosseguiu: «Pedi-lhe que seja ele a dirigir o Opus Dei do céu, e que nós, os que lhe sucedermos, sejamos apenas instrumentos seus e nada mais. Se o Padre, sendo um santo, nos pedia que rezássemos por ele, imaginai as orações de que preciso, eu que não sou santo nenhum. Tendes ainda mais obrigação [...] de rezar por mim. E eu preciso muito das orações de todos».

Os pedidos de orações tornaram-se um *leitmotif* na vida de D. Álvaro: pedia aos membros da Obra, bem como a outras pessoas, uma vez e outra, que rezassem por ele. Assim, por exemplo, no começo da sua primeira audiência com o Papa Paulo VI como presidente geral da Obra, pediu ao Papa que rezasse por ele, comentando: «Sou o sucessor de um santo, e isso não é nada fácil»; ao que Paulo VI replicou: «Mas agora o santo está no céu, e tomará conta de tudo».

As tarefas do sucessor

Qualquer sucessor de São Josemaria terá de se confrontar com a missão de dirigir o Opus Dei, promovendo o zelo apostólico e o bom espírito dos seus membros, tomando decisões sobre as prioridades apostólicas, e sobretudo sendo o Pai desta pequena porção da Igreja, o que implica promover um espírito de fraternidade e filiação que mantenha intacto o espírito de família com que o Opus Dei nasceu. D. Álvaro confrontou-se com todos estes desafios, mas além disso teve de descobrir uma maneira de ser o presidente geral do Opus Dei não sendo o seu fundador. Tinha à sua frente uma série de tarefas específicas, a mais importante das quais consistia em levar a bom porto a missão que o fundador lhe confiara de procurar um lugar adequado para o Opus Dei no quadro jurídico da Igreja. Graças ao Concílio Vaticano II e à legislação subsequentemente promulgada pelo Papa Paulo VI, tinha sido constituída uma categoria jurídica que se adequava perfeitamente ao Opus Dei: as prelazias pessoais. Mas o problema de D. Álvaro, e não era um problema pequeno, era convencer a Santa Sé a aplicar essa figura jurídica à Obra.

São Josemaria também lhe deixara encomendada outra tarefa, mais pequena mas muito importante: comentar as entradas que o fundador fora fazendo, ao longo dos anos, numa série de blocos de anotações onde registava os acontecimentos mais importantes da sua própria vida espiritual e da vida do Opus Dei (os chamados *apontamentos íntimos*). São Josemaria gostaria de ter tido tempo para clarificar essas entradas, muitas das quais eram um tanto crípticas, explicando o seu contexto, os acontecimentos que as tinham ocasionado, etc., dado que, na ausência dessas explicações, muitas seriam de difícil compreensão para os leitores futuros. Mas não chegou a conseguir fazê-lo, e deixara um pedido escrito a D. Álvaro, que conhecia melhor que ninguém as diversas circunstâncias desses acontecimentos, para que desempenhasse essa missão.

Outra tarefa, relacionada com esta, consistia em preparar para publicação uma série de livros que São Josemaria tinha escrito mas a que não tinha sido capaz de dar forma definitiva; muitos desses manuscritos precisavam de bastante mais do que um simples trabalho de editor, e tomariam um tempo considerável. Havia naturalmente outras pessoas que podiam ajudar, mas não havia ninguém que tivesse a competência de D. Álvaro para supervisionar todo o processo.

Finalmente, D. Álvaro tinha de dar pelo menos os primeiros passos no processo de canonização do fundador. Tendo vivido tão perto de São Josemaria durante tantos anos, estava intimamente convencido da sua santidade; e, dado que o fundador tinha encarnado o espírito do Opus Dei com extraordinária fidelidade, a sua canonização seria também uma expressão formal da aprovação desse espírito, como forma de procurar a santidade no meio do mundo, por parte da Igreja.

Pouco depois de ser eleito, D. Álvaro começou a sofrer graves problemas de saúde. Consultou um especialista italiano, que lhe diagnosticou um câncer do fígado em estado avançado, o qual seria rapidamente fatal. Quando, porém, foi pedir uma segunda opinião aos três médicos da Clínica da Universidade de Navarra que o atendiam há vários anos, estes concluíram que ele não tinha câncer nenhum, mas que estava simplesmente a reagir a um analgésico que estava a tomar para as fortes dores de cabeça de que sofria há muito tempo; quando parasse de tomar esse medicamento, voltaria ao normal.

O diagnóstico do primeiro médico não tinha sido explicitamente revelado a D. Álvaro, mas este sabia que o médico tinha ficado bastante preocupado; e explicou posteriormente que, embora tivesse aceitado a vontade de Deus, começou a pensar no que havia de fazer para que a sua morte, tão pouco tempo depois da morte do fundador, não causasse problemas no Opus Dei.

CAPÍTULO 15

Um homem de oração e um pai

Há muitos fatores que permitem explicar o comportamento de D. Álvaro durante as duas décadas em que presidiu ao Opus Dei. Mas dois deles merecem uma especial atenção: a sua vida de oração e o seu empenho em ser «o Padre» dos membros da Obra.

Um homem de oração

Durante uma peregrinação que fez em 1979 ao Santuário de Nossa Senhora de Czestochowa, na Polônia, D. Álvaro disse: «Viemos rezar, rezar, e depois rezar ainda mais». Era a sua receita pessoal, não só durante essa peregrinação, mas também durante todos os anos em que esteve à frente do Opus Dei — e, a bem dizer, durante toda a sua vida.

Quando foi eleito presidente geral da Obra, D. Álvaro tinha atrás de si uma luta de 40 anos para se tornar um homem de oração; ou seja, e nas palavras de São Josemaria, «contemplativo no meio do mundo». Até ao final da sua vida, cumpriu todos os dias o plano de vida que tinha aprendido no começo da sua vocação para a Obra, procurando fazê-lo com cada vez maior amor e mais atenção, na convicção de que as suas novas obrigações o tornavam ainda mais necessário.

A Eucaristia

A Missa era o centro e a raiz da sua vida interior. Por muitas solicitações que tivesse, esforçava-se por celebrar a Missa todos os dias com grande recolhimento. A sua primeira prioridade, quando faziam planos de viagem, era que houvesse um tempo adequado para a Missa. O sacerdote que geralmente o ajudava na Missa comentava que D. Álvaro celebrava «com grande recolhimento, lentamente, absorto no mistério».

O seu amor a Jesus na Eucaristia manifestava-se de outras formas, como por exemplo as frequentes visitas ao Santíssimo Sacramento; quando viajava de carro, rezava a Jesus presente nos sacrários das igrejas por onde ia passando, e apontava-as aos companheiros de viagem, para que eles pudessem fazer o mesmo. Mesmo no final da vida, fazia uma genuflexão lenta e cuidadosa, sem concessões às suas dificuldades crescentes em dobrar os joelhos que resultavam da idade e de problemas lombares. Quando tinha de presidir a missas concelebradas, e noutras ocasiões em que era preciso cantar, esforçava-se por participar no canto, embora não tivesse bom ouvido nem grande voz. Assim, na véspera das cerimônias estudava atentamente as partes que tinha de cantar e ouvia uma gravação com as mesmas; e, quando chegava a altura, cantava o melhor que sabia, sem se preocupar por estar fora de tom ou desafinar.

Geralmente, rezava o breviário em voz alta com os seus dois secretários, a primeira parte de manhã e o resto ao final da tarde. O breviário ajudava-o a estar profundamente unido à liturgia da Igreja e proporcionava-lhe material para a sua oração pessoal e a sua pregação.

A oração

D. Álvaro passava a meia hora que antecedia a Missa a meditar diante do Santíssimo Sacramento, juntamente com os membros do Conselho Geral do Opus Dei; à tarde, dedicava mais meia hora à oração mental. Durante longos períodos da sua vida, chegava ao oratório meia hora antes da hora prevista para a oração da manhã, a fim de dedicar mais tempo à oração mental.

D. Álvaro descrevia a oração mental como «uma conversa de apaixonados: uma conversa em que não há lugar para o tédio ou as distrações; uma conversa de tu-a-tu, cujo momento aguardamos impacientemente, à qual vamos com fome de conhecer melhor a Jesus e de nos relacionarmos com Ele; uma conversa feita com a delicadeza de uma alma enamorada, que termina com o desejo renovado de viver e de trabalhar só pelo Senhor». Quando rezava na cripta onde está sepultado São Josemaria, as pessoas iam entrando e saindo, mas D. Álvaro não reparava nelas; a conversa silenciosa com Jesus absorvia-o por completo.

Para D. Álvaro, esses períodos de oração mental não eram uma obrigação fastidiosa, que ele tinha de arranjar maneira de encaixar entre as muitas tarefas do seu dia; eram encontros com o Senhor e a sua Mãe, que ele desejava ter e à volta dos quais organizava as outras atividades. Não quer dizer que tivesse uma atitude rígida e uma submissão de escravo ao horário; mas gostava muito de fazer oração todos os dias à mesma hora e, se tinha de mudar de hora por qualquer razão, preferia adiantá-la a atrasá-la. Fosse como fosse, procurava um momento e um local que lhe permitissem dedicar todas as suas energias a falar com Deus, sem interrupções nem distrações.

A Santíssima Virgem e São José

A devoção de D. Álvaro a Nossa Senhora manifestava-se de muitas maneiras. A mais notória talvez tenha sido a instituição de três anos marianos consecutivos no Opus Dei. O primeiro, 1978, destinou-se a assinalar o quinquagésimo aniversário da fundação da Obra; concluído esse ano, D. Álvaro prolongou-o por mais um ano, para assinalar o quinquagésimo aniversário do começo do trabalho da Obra com mulheres; e ficou tão satisfeito com os frutos espirituais desses dois anos marianos que instituiu um terceiro, até 31 de dezembro de 1980.

Durante os anos marianos, D. Álvaro confiou de forma especial a Nossa Senhora o projeto de encontrar um estatuto jurídico adequado para o Opus Dei no seio da Igreja, a causa da canonização do fundador, e a expansão das atividades apostólicas do Opus Dei para novos países. Esses três anos não foram acontecimentos isolados na sua vida, e também não quis que o fossem na vida dos seus filhos e das suas filhas no Opus Dei; pelo contrário: «Estes anos marianos», escrever-lhes-ia, «deixaram na nossa alma a profunda convicção de que toda a nossa vida na Terra — e depois, com a graça de Deus, na maravilhosa eternidade do céu — se tornou um tempo mariano».

Invocava frequentemente a Santíssima Virgem com orações tradicionais como o «Lembrai-vos», a «Salve Rainha» e principalmente o «Terço». Rezava diariamente o «Angelus» e os 15 mistérios do «Rosário» e, quando fazia grandes viagens de carro, rezava muito mais terços. Quando rezava o terço em voz alta no dia de recolhimento mensal que fazia com os membros do Conselho Geral, punha-se de pé, para evitar deixar-se dominar pelo sono. Nos anos que antecederam a aceitação do Opus Dei como prelazia pessoal, quando se encontrava em Roma, fazia todas as semanas uma visita a pelo menos uma igreja dedicada a Nossa Senhora, rezando uma parte do «Rosário» no caminho de ida, uma parte na igreja e uma parte no caminho de regresso a casa.

Num gesto de ação de graças pela decisão de João Paulo II de fazer ascender o Opus Dei a prelazia pessoal, foi em peregrinação ao Santuário de Nossa Senhora de Guadalupe, no México, onde fez uma novena à Santíssima Virgem, passando várias horas por dia a rezar diante da sua imagem; no final da novena, comentou: «O rosto de Nossa Senhora expressa uma total simplicidade. Tem uma expressão de doçura, de humildade, de pureza, de sinceridade. É um olhar de compaixão e de amor e, ao mesmo tempo, de dor. Julgo que sofreu quando percebeu que ninguém prestava atenção ao pobre Juan Diego, e que está a olhar para ele com compaixão e afeto. Pensei nos vossos pecados e nos meus e percebi que também olha para nós com grande afeto, porque é nossa Mãe, mas por vezes com dor. [...] Não vamos causar mais dores à nossa Mãe do Céu».

Para D. Álvaro, o amor à Santíssima Virgem estava intimamente relacionado com a Eucaristia, a ponto de por vezes se referir à Missa como «essa grande devoção mariana»; tinha consciência da presença de Nossa Senhora na Missa, que fazia ecoar a sua presença no Calvário. Na capela do Santíssimo Sacramento que mandara construir na igreja prelatícia do Opus Dei, indicara que o interior do sacrário fosse decorado com medalhas de Nossa Senhora; para tal, pedira aos seus filhos de todos os países que enviassem para Roma uma medalha com uma imagem de Nossa Senhora que fosse especialmente venerada no respectivo país.

O seu amor à Santíssima Virgem não era apenas uma devoção entre muitas — era uma dimensão da sua vida.

D. Álvaro imitava a fé, a humildade e o espírito de serviço de Maria, bem como o seu costume de guardar no coração tudo aquilo que Jesus dizia e fazia. E nem a idade impediu que esse amor continuasse a crescer. Assim, por exemplo, em 1983, descobriu um novo sentido na realidade de Maria ser *nossa* Mãe: ser simultaneamente Mãe de Jesus e sua mãe; «agora, é como se dois irmãos estivessem a falar sobre a mãe de ambos», comentava.

Também tinha grande devoção a São José. Durante uma das viagens de São Josemaria à América Latina, o fundador aconselhou uma mulher que tinha enviuvado recentemente a colocar uma imagem de São José em sua casa e a pedir-lhe que fosse ele o chefe da sua família. D. Álvaro devia estar a seguir este conselho quando, pouco depois de ser eleito, pediu que colocassem uma imagem de São José na sala de estar onde costumava fazer tertúlia com os membros do Conselho Geral.

D. Álvaro cultivava a infância espiritual. Em certa ocasião, observou: «Seguindo os passos do nosso Padre, quero [...] ser sempre pequeno — e cada dia mais —, para poder encontrar um lugar nos braços de Maria, nos braços de José, muito perto do nosso Jesus». E, durante um encontro com um entusiástico grupo de jovens na Nigéria, comentou: «Eu também sou jovem porque estou enamorado de Deus, e o amor é sempre jovem, nunca envelhece. Sou mais jovem do que vós, embora tenha 75 anos».

Espírito de sacrifício

D. Álvaro correspondia generosamente ao convite de Cristo para «tomar a cruz de cada dia». A aspiração de São Josemaria — «*in laetitia, nulla dies sine cruce*» («com alegria, nenhum dia sem cruz») — era uma realidade na sua vida, e manifestava-se em práticas tradicionais do ascetismo cristão, como o uso do cilício e das disciplinas, mas sobretudo na forma intensa como trabalhava, no cumprimento amoroso dos seus deveres, na sua atenção às necessidades dos outros e da Igreja, e na alegria e no bom humor com que vivia a doença.

Um dos médicos que cuidavam dele observou que era «impressionante a forma como se abandonava nas mãos de Deus em tudo o que dizia respeito à saúde. Queria estar bem para poder trabalhar com eficácia, mas ao mesmo tempo aceitava com otimismo e alegria as limitações e as dores da falta de saúde, vendo nelas carícias do seu Pai, Deus». Nos últimos anos da sua vida, era frequente dormir mal; mas continuava a levantar-se a horas e a trabalhar o dia inteiro, chegando muitas vezes à noite exausto — mas com um sorriso alegre.

Em junho de 1993, no quadragésimo-nono aniversário da sua ordenação sacerdotal e apenas nove meses antes de morrer, disse umas palavras sobre as bodas de ouro que se aproximavam, com o distanciamento que lhe era tão caraterístico relativamente à questão da saúde e da própria vida: «Ainda falta um ano, durante o qual muitas coisas podem acontecer. Peço a Nosso Senhor que me ajude a ser fiel, minuto a minuto, dia a dia. É dessa maneira que me preparo para o meu jubileu sacerdotal, se ele chegar. [...] E, se não, celebrá-lo-ei no paraíso. Será como Deus quiser. É mais fácil partir, fácil demais. Quero aquilo que o Senhor quiser».

Não se tratava de um sentimento isolado. Todas as noites, antes de se deitar, dizia a Nosso Senhor que estava pronto para morrer «quando Tu quiseres, onde Tu quiseres, como Tu quiseres». Quando, como às vezes acontecia, se sentia ligeiramente assustado com esta oração, repetia-a, acrescentando: «com a condição de que seja nas tuas mãos». No começo de 1975, ou por essa altura, começou a acrescentar: «agora mesmo, se quiseres, mas com um ato de perfeita contrição, e se possível com os últimos sacramentos».

Fazia pequenas mortificações voluntárias, como não se encostar quando se sentava ou atrasar a ingestão de um copo de água quando estava muito calor. Tentava também seguir o conselho de São Josemaria: pôr de parte os seus próprios gostos e interesses para tornar a vida mais agradável aos outros. Desde a sua juventude, tinha um grande amor pelo mar; pois, certo dia, durante uma tertúlia informal na praia, escolheu uma cadeira em que ficava de costas para o mar, deixando as cadeiras com vista para os outros. À exceção do mar, não apreciava grandemente excursões pelo campo; mas, quando recebia a visita de algum membro do Opus Dei que gostasse especialmente de belezas naturais, D. Álvaro não deixava de aproveitar algum dia feriado para o convidar a «acompanhá-lo» numa visita a alguma zona paisagística dos arredores de Roma, embora tivesse preferido ficar em casa a ler.

Viver na presença de Deus

A oração mental, a Missa, o breviário e o «Terço», bem como outras práticas de piedade, como a leitura espiritual e o exame de consciência, ocupavam uma parte significativa do seu dia. Mas D. Álvaro não se limitava a rezar nos momentos especialmente dedicados à oração; pelo contrário, esses momentos eram meios necessários para transformar todo o seu dia numa conversa com Deus.

Nos últimos anos da sua vida, continuava a trabalhar e a cultivar a consciência da presença de Deus durante o dia, recorrendo frequentemente ao Senhor e a sua Mãe Santíssima — para pedir ajuda, para dar graças, para fazer atos de adoração e para pedir perdão. No dia dos anos e noutros aniversários importantes da sua vida, por exemplo, repetia frequentemente uma jaculatória breve: «Obrigado, perdão, ajuda-me mais».

Para se lembrar da presença de Deus enquanto trabalhava, tinha em cima da secretária uma série de estampas com imagens de Nossa Senhora, que mudava todos os dias. Seguindo uma sugestão de São Josemaria, dedicava cada dia da semana a uma devoção específica: o domingo à Santíssima Trindade, a segunda-feira às almas do purgatório, a terça-feira aos anjos da guarda, a quarta-feira a São José, a quinta-feira à Eucaristia, a sexta-feira à Santa Cruz e o sábado a Nossa Senhora.

Com o tempo, foi adquirindo uma consciência habitual e amorosa da presença de Deus; como escreveu o seu primeiro biógrafo, era «atento aos que o rodeavam, mas ao mesmo tempo estava imerso em Deus e nas coisas de Deus. Estava realmente, nas palavras de São Josemaria, "no Céu e na Terra". Vivia uma vida contemplativa no meio do mundo».

A consciência da presença de Deus era, como observou o cardeal Edward Cassidy, um australiano, a fonte da sua paz e da sua calma tão caraterísticas. O vigário do Opus Dei na Espanha recorda que, quando se deslocava a Roma, se reunia frequentemente com D. Álvaro já no final do dia, e tinham por vezes de analisar questões difíceis e incômodas; mas, quando terminava a reunião e começava a tertúlia com os membros do Conselho Geral, D. Álvaro passava imediatamente ao registo da conversa ligeira, com um sorriso no rosto, como se não tivesse nada que o preocupasse.

A sua profunda vida interior de oração e sacrifício refletia-se em muitas outras vertentes da vida de todos os dias. A sua conversa era pontuada por expressões como: «Graças a Deus», «Que bom é Deus!» e «Deus te abençoe!». E essas não eram expressões triviais, mas orações autênticas e espontâneas. A sua conversa e a sua pregação eram otimistas e alegres; transmitia aos outros a esperança de que, com a ajuda de Deus, tudo pode mudar, que a santidade não é uma utopia, que, embora os assuntos humanos sejam sempre marcados por provas, Cristo triunfa precisamente através da cruz. Em certa ocasião, comentava: «É muito bom sofrermos dificuldades e incompreensões, porque [...] ajuda-nos a retificar constantemente a intenção».

Devido à sua vida interior de oração e sacrifício, esforçava-se por ajudar os que com ele conversavam a descobrir a Cristo, a usufruir da verdade de serem filhos de Deus, a aproveitar a proteção de Nossa Senhora, a rezar mais e a perceber que os seus esforços para se aproximarem de Deus não se fundavam na sua própria vontade, mas na graça que vem dos sacramentos.

Um pai para os seus filhos e filhas

O segundo fator subjacente à sua condução do Opus Dei era a paternidade relativamente aos membros da Obra. O Opus Dei não é certamente a única instituição que diz de si própria que é uma família, mas a verdade é que o espírito de família desempenha um papel muito importante na vida desta instituição. Com efeito, a consciência da filiação divina é o fundamento do espírito da Obra; e a consciência se ser filho ou filha do Prelado da Obra, que tratam por Padre, é uma parte importante da vida dos seus membros e promove um vigoroso sentido de fraternidade. Ser o Padre do Opus Dei como um todo e de cada um dos seus membros é, de certa maneira, a tarefa mais importante do prelado do Opus Dei, e aquela que dá sentido a todas as outras.

São Josemaria tinha sido o fundador e o Padre. D. Álvaro assumiu o desafio de ser o Padre sem ser fundador com aquilo a que o cardeal Herranz chama uma «fidelidade dinâmica», nomeadamente considerando que a preservação e a transmissão do espírito que Deus comunicara a São Josemaria eram a sua principal missão, embora compreendendo que não podia limitar-se a repetir de forma rotineira as coisas que São Josemaria tinha dito. Esta fidelidade dinâmica pressupunha reagir às novas situações e aos novos desafios tal como o fundador teria reagido, e ajudar os membros do Opus Dei em todo o mundo a fazerem o mesmo nas suas diversas circunstâncias.

São Josemaria era uma pessoa extraordinariamente calorosa; tinha uma vida interior profunda e vivia na presença de Deus de forma notável, mas era uma pessoa exuberante e extrovertida, com uma enorme capacidade para amar. O fundador conquistava a adesão e o afeto dos membros da Obra não só por via da mensagem espiritual que lhes transmitia, mas também através do seu estilo caloroso e afetuoso. D. Álvaro também tinha um grande coração e um coração carinhoso, mas, ao contrário de São Josemaria, era discreto e reservado, e teve de encontrar formas de exprimir a sua paternidade que fossem compatíveis com esse temperamento. O seu afeto e a sua preocupação manifestavam-se de muitas maneiras, grandes e pequenas:

numa oração e numa mortificação generosas, em pequenos gestos, e no esforço por transmitir o espírito da Obra; e tanto assim era que podia dizer: «Vivo apenas pensando no nosso Padre e na maneira de lhe ser mais fiel, e em vós, na maneira de vos ajudar a ser santos».

Não se poupava a esforços para tornar a vida agradável aos que o rodeavam. Certa vez em que estava a passar umas semanas numa antiga casa de campo, soube que, por usar água quente logo de manhã para tomar um banho, tal como o médico lhe prescrevera, havia outra pessoa que ficava sem água para fazer a barba, de maneira que mudou imediatamente a hora do banho para que a outra pessoa pudesse ter água quente.

Mandar pessoalmente os parabéns aos mais de 75 mil membros da Obra estava obviamente fora de questão, mas ele não deixava de recordar os aniversários dos seus colaboradores mais próximos e de lhes escrever quando não estavam em Roma nesses dias. Nesses cartões, a santidade era o seu tema favorito; exemplo disso é o que escreveu a um membro da Obra em 1985, no dia do seu aniversário: «Que Nosso Senhor, com a tua perseverante correspondência à graça, te torne muito santo».

Preocupação com os doentes

D. Álvaro revelava-se especialmente atento aos que sofriam. «Não há sofrimento vosso, filhos da minha alma, que não seja meu», dizia. Certo dia, um membro da Obra que regressava do funeral de sua mãe chegou a casa a meio da tarde, a uma hora em que D. Álvaro estava concentrado a trabalhar; porém, em lugar de se limitar a repetir-lhe as condolências, pediu-lhe que lhe descrevesse em pormenor os últimos dias da vida da sua mãe, na esperança de assim o consolar.

Durante a última fase do processo de passagem do Opus Dei a prelazia pessoal, embora andasse sob grande pressão, nunca se esqueceu de que o pai de um membro da Obra que estava de passagem em Roma estava doente, nem deixava de lhe perguntar como passava. Por essa altura, a mãe de um membro do Conselho Geral foi operada de um tumor no cérebro, e D. Álvaro perguntava frequentemente como estava a recuperar, acrescentando que rezava por ela.

Sempre que podia, visitava os membros da Obra que estavam doentes. Por exemplo, numa viagem que fez de Madri a Pamplona, parou em Saragoça para visitar uma jovem que tinha sofrido queimaduras graves num acidente de automóvel; anos mais tarde, ela escreveria num artigo de jornal: «Há momentos em que uma pessoa tem dificuldade em manter uma visão positiva da vida, e um desses momentos é quando a vida muda por completo em consequência de um acidente. [...] O Padre disse-me que, embora seja difícil de compreender, a dor é na realidade uma carícia de Deus. Foi literalmente isso que me disse. E disse-o com uma convicção tal que me elevou ao seu nível, o nível da fé».

Certo dia, foi visitar um jovem sacerdote que tinha ficado paralisado na sequência de um acidente; o jovem diria depois que ficou tocado pela «sua extraordinária ternura, que foi realmente fora do comum. [...] Fez-me considerar que a minha vida podia e devia ser imensamente eficaz, a despeito da falta de mobilidade física. [...] Penso que o que mais me impressionou foi a profunda impressão de ser intensamente amado pelo Padre».

Em 1988, em Washington D. C., foi visitar um dos mais antigos membros da Obra, que anos antes tinha perdido uma perna num acidente e estava muito debilitado em consequência da idade; para além de o animar a colocar a sua confiança em Deus, D. Álvaro pediu-lhe que cantasse uma cançoneta de que sabia que ele gostava muito quando era novo.

Quando não podia visitar as pessoas, escrevia-lhes. Assim, enviou uma longa carta manuscrita a um dos primeiros membros do Opus Dei no Japão, que estava a morrer, em que lhe disse, entre outras coisas, o seguinte: «Confio-te constantemente a Nosso Senhor por intercessão do nosso Padre, para que, se for essa a sua vontade, te dê saúde. Pede-lhe o mesmo com muita fé, também por intercessão do nosso Padre. Diz ao nosso Padre que fui eu quem to disse. Não te canses de pedir. [...] É assim que tens de estar: muito metido em Deus, com um grande desejo de trabalhar por Ele e pela sua Obra. Ao mesmo tempo, enche-te de alegria ao pensares no momento em que a nossa Mãe levará a tua alma para o céu, onde verás o Senhor e onde Ela olhará para ti e te sorrirá, como tua Mãe. Pede a tua cura, mas aceita com alegria o que Deus quiser. Se viveres a doença desta maneira, serás, lembra-te bem, um tesouro para a Obra. Queres aplicar parte desse tesouro por mim? Invejo-te. Teu Padre Álvaro, que se lembra de ti, reza por ti, te abraça e te abençoa com todo o afeto. Peço-te que digas à tua mãe e ao teu irmão que estou muito unido a eles».

Para além de rezar pelos doentes e de os visitar, D. Álvaro tentava fazer com que fossem bem cuidados. No caso dos membros celibatários que viviam nos centros do Opus Dei, animava os outros membros a tentarem cuidar deles em casa, por muito difícil que isso fosse, e mesmo que lhes parecesse que eles seriam mais bem tratados num asilo.

Quando diagnosticaram uma leucemia a um dos primeiros membros da Obra na Irlanda, os especialistas concluíram que ele estava à beira da morte; mas D. Álvaro recusou-se a desistir, e sugeriu-lhe que fosse pedir uma segunda opinião à Clínica da Universidade de Navarra, onde os médicos conseguiram prolongar-lhe a vida mais três anos e meio.

Uma numerária da Obra que vivia em Roma estava a recuperar de um ataque cardíaco quando D. Álvaro soube que estava para chegar uma onda de calor. Como o centro onde essa mulher vivia não tinha ar condicionado, sugeriu que ela fosse passar uns tempos numa zona de clima mais ameno.

Apoio nas dificuldades

As crises e os problemas também suscitavam o afeto e o apoio de D. Álvaro. Pouco depois de o Opus Dei ascender a prelazia pessoal, uma empresa alemã de meios de comunicação social lançou uma campanha de nove programas de televisão e 13 programas de rádio em que descrevia a Obra como uma seita religiosa e uma perigosa sociedade secreta; e afirmava até que o Opus Dei andava envolvido em tráfico de armas. Ao mesmo tempo, os pais de vários jovens que participavam em atividades do Opus Dei receberam panfletos anônimos a adverti-los acerca dos alegados perigos que os seus filhos corriam. D. Álvaro apoiou de perto as suas filhas e os seus filhos alemães durante esse período difícil, não só escrevendo-lhes, mas também deslocando-se frequentemente à Alemanha e urgindo-os a redobrarem os seus esforços apostólicos, sem se deixarem intimidar por essa campanha.

A resposta habitual de São Josemaria a este tipo de ataques fora calar, rezar, sorrir e continuar a trabalhar; neste caso, porém, as calúnias foram de tal maneira mal-intencionadas que D. Álvaro decidiu seguir o conselho do cardeal Höffner, o presidente da Conferência Episcopal Alemã, e recorrer aos tribunais. Em duas ocasiões diferentes, os tribunais alemães decidiram a favor do Opus Dei, afirmando que aqueles ataques violavam direitos humanos fundamentais; e as estações de rádio e televisão foram obrigadas a emitir retratações formais das suas alegações. Apesar disso, o ambiente na Alemanha permaneceu bastante tenso durante algum tempo, e D. Álvaro manteve uma relação especialmente próxima com os membros da Obra naquele país.

Os ataques perpetrados na Alemanha estenderam-se à Áustria, alimentados por um livro ilustrado com fotografias de cerimónias do Ku Klux Klan e gravuras de torturas da Inquisição na Idade Média. Um sacerdote da Obra, capelão de uma escola de Viena, foi acusado de obrigar os alunos a fazerem voto de castidade e de lhes dar a beber água benta, para ver se estavam possuídos pelo demônio. Os críticos de São João Paulo II na Áustria intensificaram os seus ataques ao Opus Dei quando se soube que o Papa tencionava nomear um sacerdote do Opus Dei bispo de uma diocese austríaca. D. Álvaro manteve-se especialmente próximo das suas filhas e dos seus filhos austríacos durante esse período de provação, tendo feito 15 viagens ao país e escrito com frequência para eles; entre outras coisas, recomendou-lhes que não falassem sobre as calúnias, nem sequer uns com os outros, para não faltarem à caridade nem se deixarem desanimar no apostolado.

Dava especial atenção aos países onde o Opus Dei estivesse a começar e onde os membros da Obra, ainda em pequeno número, passassem por especiais dificuldades. Quando, em 1989, visitou o único centro da Obra nos Camarões, observou aos seus membros: «Meus filhos, estais a começar. Sois a semente semeada pelo Senhor, e tendes de desaparecer para que nesta terra possam brotar muitas almas enamoradas de Deus. Sonhai e a realidade superará os vossos sonhos. A planta está a começar a brotar e depois há de crescer. [...] Haverá dificuldades? Inevitavelmente. Deus abençoa sempre com a cruz. Mas, juntamente com as dificuldades, pessoais ou coletivas, teremos a graça de Deus para as ultrapassar e para exclamar com alegria: "Senhor, aqui estou, porque me chamaste!"».

A formação das filhas e dos filhos

Até ao final da sua vida, D. Álvaro esforçou-se sempre por transmitir o espírito do fundador às suas filhas e aos seus filhos. Pregava frequentemente a meditação da manhã aos membros do Conselho Geral e todas as semanas lhes dava uma aula prática sobre o espírito da Obra.

A sua preocupação em formar os membros da Obra não se limitava aos que o rodeavam. Nas semanas que se seguiram à sua eleição para o cargo de presidente geral do Opus Dei, escreveu uma carta relativamente curta e outra bastante mais longa a todos os membros, insistindo na fidelidade ao legado do fundador e pedindo orações. A partir dessa altura, dirigiu frequentes mensagens escritas aos seus filhos, que podiam ser desejos de Boas Festas, notícias relacionadas com a Obra, como a da abertura do processo de beatificação do fundador, ou recordações de aniversários importantes, como o da morte de São Josemaria ou de certos acontecimentos da história da Obra.

Algumas dessas cartas eram curtas, mas aquela que escreveu por ocasião da beatificação do fundador, um programa detalhado de fidelidade ao seu espírito construído em torno de uma meditação sobre os mistérios do «Rosário», tem quase 100 páginas. Ainda mais longa foi a carta que escreveu no quinquagésimo aniversário da fundação da Sociedade Sacerdotal da Santa Cruz, em que analisa pormenorizadamente duas caraterísticas da vocação ao Opus Dei: a alma sacerdotal e a mentalidade laical.

Na primeira década após a morte de São Josemaria, D. Álvaro costumava escrever aos membros da Obra em ocasiões específicas. Contudo, em fevereiro de 1984, começou a escrever-lhes uma carta mensal no primeiro dia de cada mês. Essas cartas, normalmente constituídas por quatro páginas, continham quase sempre reflexões sobre as festas da Igreja e os aniversários ou acontecimentos da vida da Obra que se comemorassem no período por elas abrangido; o seu objetivo era ajudar as pessoas da Obra a aprofundar a sua vida espiritual e o seu trabalho apostólico, e terminavam invariavelmente com um pedido de orações por ele e pelas suas intenções. Em março de 1984, por exemplo, escreveu: «Diante de Deus, sinto-me um pobrezinho de mãos vazias. Suplico-vos que não me priveis da esmola da vossa oração diária, por mim e pelas minhas intenções». Entre 1975 e 1994, o ano da sua morte, D. Álvaro escreveu 176 cartas pastorais, num total de quase 1500 páginas.

As suas cartas pastorais refletem uma percepção muito nítida das dificuldades com que se confrontam as pessoas que querem viver a sério a sua vocação cristã num tempo de consumismo, hedonismo e relativismo generalizado. Assim, numa carta de 1985, advertia: «Está a espalhar-se por todo o mundo, entre ricos e pobres, homens e mulheres, jovens, velhos e até crianças uma onda de hedonismo, de busca desenfreada de todo o tipo de prazeres. Com a graça de Deus, temos de dar aos nossos colegas, amigos e parentes um firme e generoso testemunho de fortaleza e temperança, de austeridade no uso dos bens deste mundo e de sobriedade na comida e na bebida. Estão em causa a autenticidade da nossa vocação e a realidade do nosso serviço à Igreja».

Neste contexto, referia-se em especial ao excesso de tempo passado diante da televisão: «Tenho insistido muito, e continuarei a insistir, para que escolhais muito bem os programas de televisão que vedes. Mais ainda, temos de ultrapassar a dependência quase mórbida da televisão de muitas pessoas. [...] Para uma pessoa que tem de se santificar através do trabalho, é um absurdo perder tempo, que é de Deus, a ver programas de televisão todos os dias. Deixai-me sugerir a possibilidade de oferecer uma pequena mortificação ao Senhor, contrariando os nossos gostos, e aquilo que poderíamos sentir-nos tentados a justificar com facilidade com a falsa e enganadora desculpa de que se trata de um hábito generalizado».

Sublinhava a necessidade de fortaleza e ousadia no apostolado, em especial em locais aonde levar a mensagem de Cristo poderá ser visto por alguns como fanatismo: «Tendes receio de ser exigentes, por temor de que alguns se vão embora. Haverá sempre quem se vá embora, mas, se não fordes exigentes, nunca conseguireis fazer nada».

O ponto em que mais insistia, contudo, era a caridade, o amor ao próximo. Pouco antes de morrer, escrevia: «Querei-vos cada dia mais uns aos outros. Não vos canseis de vos servir uns aos outros. Ponde a vossa vida à disposição uns dos outros, a ponto de adquirirdes o preconceito psicológico de pensar sempre nos outros. De que precisam eles? Por que coisas se interessam? De que gostam? Não podemos permitir que o calor de família das nossas casas arrefeça, nem sequer um pouco».

CAPÍTULO 16

Servir o Opus Dei e a Igreja

O período em que D. Álvaro esteve à frente do Opus Dei coincidiu com um período difícil na vida da Igreja; foi um período de contração institucional e de frequentes controvérsias em muitos lugares. A despeito deste ambiente desfavorável, contudo, o Opus Dei continuou a crescer em termos numéricos e geográficos, bem como no que diz respeito ao alcance das suas atividades apostólicas.

Crescimento e expansão

A Obra cresceu de 60 mil membros, à morte do fundador, para 78 mil à morte de D. Álvaro. Durante esse período, foram ordenados cerca de 800 membros. A par do crescimento numérico, deu-se a expansão geográfica. Assim, quando D. Álvaro sucedeu a São Josemaria, a Obra tinha centros em 32 países, estando presente na Europa Ocidental, na América do Norte e do Sul, bem como na Austrália e num pequeno número de países de África e da Ásia; durante os 19 anos de governo de D. Álvaro, deu início ao trabalho apostólico estável em 20 novos países: Bolívia (1978), Honduras, Zaire (atual República Democrática do Congo) e Costa do Marfim (1980), Hong Kong (1981), Singapura (1982), Trinidad e Tobago (1983), Suécia (1984), Taiwan (1985), Finlândia (1987), Camarões e República Dominicana (1988), Macau, Nova

Zelândia e Polônia (1989), Checoslováquia e Hungria (1990), Nicarágua (1992), Israel e Índia (1993).

Quando da morte de D. Álvaro, a Lituânia preparava-se para se juntar a esta lista; na verdade, alguns membros da Obra dos Estados Unidos tinham organizado, durante vários anos, cursos de verão para o ensino do inglês nesse país e alguns casais que tinham conhecido a Obra por essa via acolheram os primeiros membros do Opus Dei quando, no outono de 1994, estes se instalaram na Lituânia. Para se lembrar de rezar pelo início do trabalho nesse país, D. Álvaro tinha na sua mesa de trabalho uma imagem de Nossa Senhora da Porta da Aurora, a invocação da Santíssima Virgem mais venerada na Lituânia. A pedido de São João Paulo II, tinha também começado a edificar as fundações do trabalho do Opus Dei no Cazaquistão.

D. Álvaro promoveu ativamente esta expansão geográfica, contrariando a ideia de que a carência de pessoas e de dinheiro aconselhava a que se avançasse mais paulatinamente; o seu zelo e a sua determinação faziam-no avançar.

As atividades nos novos países iniciavam-se com visitas de membros da Obra de países vizinhos, a fim de conhecerem pessoas e, mediante autorização do bispo local, organizar recolhimentos, retiros e outras atividades de formação; também era frequente já haver no país um ou mais supernumerários (os membros casados do Opus Dei) que para lá tinham ido viver por razões de trabalho.

Quando chegava a altura de abrir o primeiro centro, D. Álvaro convidava um grupo de meia dúzia de pessoas, sacerdotes e leigos, para irem viver para o novo país. Estes grupos eram constituídos por pessoas de diferentes países, para evitar que se transformassem num grupinho de estrangeiros isolados e enquistados no novo país. Seguindo a metodologia de São Josemaria, D. Álvaro urgia-os a que se adaptassem rapidamente ao novo ambiente, aprendendo a língua, adotando os costumes locais, e sobretudo evitando considerar-se estrangeiros.

Pouco antes de partirem para o novo país, convidava-os a passarem uns dias em Roma e, durante esse período, conversava com cada um, fazia tertúlias com o grupo e pregava-lhes. Este contato com a fé e o otimismo do Padre eram componentes da preparação necessária para o que viria a ser muitas vezes uma tarefa difícil.

O estilo de governo

Primeiro como presidente geral e depois como prelado do Opus Dei, D. Álvaro dirigia aquilo a que São Josemaria gostava de chamar «uma pequena parte da Igreja», mas que na realidade era uma organização internacional de dimensões bastante razoáveis. Uma das suas missões mais relevantes consistia em dar orientações gerais e estabelecer metas, dentro do espírito do Opus Dei, transmitir esse espírito aos membros, interpretando-o e aplicando-o às diversas circunstâncias, e manter o espírito de família, com a dupla componente da fraternidade entre os membros e da filiação dos membros ao Padre. Além disso, tinha de tomar decisões sobre questões muito concretas, nomeadamente a atribuição de recursos humanos e financeiros a tarefas apostólicas específicas, e o chamamento ao sacerdócio de alguns membros da Obra.

São Josemaria tinha determinado que, no Opus Dei, várias pessoas estudariam determinado assunto antes de se tomar as decisões correspondentes, e D. Álvaro seguia esta norma, pedindo conselho antes de decidir. Recorda uma pessoa que trabalhou com ele: «Tinha uma atitude aberta, que fazia com que ninguém se inibisse de manifestar a sua opinião e as suas dúvidas, ou de fazer as perguntas que achasse necessárias, por receio de parecer mal ou de se enganar. [...] Não estava agarrado às suas opiniões. Sabia retificar sempre que necessário. [...] Criava à sua volta um ambiente de confiança e de liberdade. Mas, acima de tudo, governava o Opus Dei com afeto, com a proximidade de cada alma que é típica de um verdadeiro pastor».

Ao mesmo tempo, não hesitava em corrigir e repreender sempre que era necessário. Por exemplo, se a resposta a uma pergunta ou a um pedido de uma região era desnecessariamente demorada, o responsável por isso poderia ouvir da sua boca: «Não podeis permitir-vos esquecer os papéis. Não há coisa que mais desanime que o silêncio administrativo». Mas fazia-o com tato, sem levantar a voz e com simpatia; e, depois de o dizer, esquecia o assunto, dando provas da mesma confiança e do mesmo afeto que antes.

Um pai de família perguntou-lhe certa vez como se podia combinar a fortaleza com o afeto na educação dos filhos; a resposta que D. Álvaro deu a esta pergunta é uma excelente descrição do seu estilo de governo: «Que eles te vejam sorrir. [...] Quando tiveres de os corrigir, não ponhas uma cara séria. Diz o que tens de dizer com um sorriso e não te preocupes. Quando as pessoas sabem que as amamos, podemos dizer-lhes tudo, por muito que custe ouvir».

Por outro lado, pedia aos seus colaboradores que exercitassem «aquela exigência cheia de carinho, cheia de respeito e suavidade que o nosso Padre nos pedia ao tratar com as outras pessoas — mas que era ao mesmo tempo realmente exigente. Temos de chamar as coisas pelos seus nomes. Doutra maneira, não estaremos cumprindo a nossa obrigação».

Criava um ambiente de cooperação calma; recorda um colaborador seu que tinha «uma grande capacidade de organização e um talento especial para estimular o trabalho em equipe. Vivia uma premência urgente, que criava à sua volta uma atividade calma, mas bem centrada nos objetivos. Quando se trabalhava com ele, avançava-se rapidamente mas com imensa tranquilidade, sem desperdiçar esforços numa agitação estéril».

Ver almas por detrás dos papéis

Seguindo o método de São Josemaria, que consistia em estudar e decidir a maioria das coisas por escrito, o que permitia que as reuniões fossem bastante curtas, D. Álvaro passava muitas horas sentado à escrivaninha a rever *dossiers*, constituídos geralmente por uma descrição escrita de um problema, uma solução ou uma abordagem recomendada por um membro do Conselho Geral, comentários escritos por outros membros do Conselho Geral e pelos respectivos colaboradores, e uma recomendação final.

Apesar de trabalhar com papéis, fazia sempre o possível por pensar nas pessoas que essas decisões iriam afetar; e tratava cada problema como se fosse o único em que tinha de pensar. Em certa ocasião observou: «Todos os dias recebo pilhas de *dossiers*, mas não os leio superficialmente; estudo todas as coisas calmamente, na presença de Deus, fazendo o possível por tomar a melhor decisão, porque sei muito bem aquilo que o nosso Padre nos dizia tantas vezes: que por detrás dos papéis estão almas».

D. Álvaro não se queixava do muito trabalho que tinha para fazer; mas podemos concluir que era efetivamente muito, pelo tempo que levou a publicar algumas obras que São Josemaria tinha deixado por concluir. Assim, *Amigos de Deus* foi publicado em 1977 e *Via Sacra* em 1981; mas *Sulco* só veria a luz do dia em 1986 e *Forja* em 1987. Por outro lado, levou 10 anos a concluir as anotações que São Josemaria lhe tinha pedido que fizesse aos seus *apontamentos íntimos*. Em muitos casos, D. Álvaro era a única pessoa que conhecia as circunstâncias dos acontecimentos narrados nessas obras e, se morresse antes de ter completado essas anotações, esses acontecimentos ficariam por esclarecer; por isso, quando finalmente as concluiu, comentou: «Foi um peso que me tiraram de cima! Tinha esta indicação do nosso Padre a pesar-me sobre os ombros, mas durante todos estes anos não consegui realizá-la».

Atividades apostólicas

Nos países onde o Opus Dei já estava presente, D. Álvaro urgia os membros e os diretores da Obra a avançarem o mais depressa possível para novas áreas e novos tipos de atividades apostólicas. Ao contrário do que acontecia com muitas instituições eclesiásticas, que se especializam, por exemplo, em domínios como a educação ou os cuidados de saúde, o Opus Dei pretende ajudar as pessoas a santificarem-se no seu trabalho e nas circunstâncias da sua vida cotidiana, sejam elas quais forem. Isto significa que, a par do seu apostolado pessoal junto de amigos, familiares, colegas e vizinhos, muitos membros da Obra se juntam a outras pessoas, criando instituições destinadas a atalhar problemas sociais, educativos ou culturais da sociedade em que estão inseridos, transmitindo também dessa forma o espírito cristão. Nalguns casos, o Opus Dei assume oficialmente a responsabilidade pela formação cristã disponibilizada nessas instituições, que assim passam a ser «obras corporativas»; na sua maioria, porém, esses empreendimentos são simplesmente iniciativas pessoais, e D. Álvaro exortava os seus filhos a serem criativos, quer nas obras corporativas, quer nas iniciativas pessoais.

Obras sociais

D. Álvaro interessava-se especialmente por atividades destinadas a aliviar a pobreza e o sofrimento. Em 1991, escrevia: «Todos nós temos de entrar em contato com os que sofrem, com os doentes, com os pobres, com os que estão sozinhos e foram abandonados por todos»; e acrescentava que neles se encontra «a nossa riqueza, que nos permite trabalhar mais; o nosso tesouro, que nos permite enamorarmo-nos mais de Deus e crescermos fortes na nossa vocação; a nossa força, a força de Deus, que nos permite conquistar».

Durante uma viagem que fez ao México em 1983, dizia a um numeroso grupo de membros e cooperadores do Opus Dei: «Meus filhos, ao viajar por diversas regiões deste país, observei uma grande diferença entre as classes sociais. Vi ricos que são demasiado ricos e pobres que são demasiado pobres. Recordando os ensinamentos do apóstolo São João, digo-vos a todos que não é verdade que amamos a Deus se não amamos o próximo, que temos perto de nós e que vemos». E, em privado, exortou os diretores e os membros do Opus Dei a criarem novas atividades corporativas com o objetivo de contribuírem para a resolução dos problemas sociais do país. Nos anos que se seguiram, foram criados a Escola Profissional de Jarales, em Guadalajara, e o Centro de Estudos e Formação Técnica e Industrial, numa região especialmente carenciada a norte da Cidade do México, ambos com o objetivo de oferecer aos jovens das classes trabalhadoras uma formação profissional que muita falta lhes fazia.

Da mesma maneira, durante uma visita às Filipinas ficou impressionado com a pobreza, em especial na cidade de Cebu, e incitou os membros da Obra a fazerem alguma coisa para ajudar os jovens; alguns anos depois, alguns membros do Opus Dei lançaram, juntamente com amigos, escolas de formação técnica nos bairros mais pobres de Cebu e Manila.

E estes não são exemplos isolados. Com o apoio e o incentivo de D. Álvaro, os membros do Opus Dei e os seus amigos deram início em vários países, desde a Argentina até ao Quênia, a projetos de assistência social que vão desde escolas agrícolas até centros especializados na formação de mulheres para a hospitalidade. E, como forma indireta mas eficaz de servir os mais pobres, D. Álvaro impulsionou igualmente a criação de escolas de negócios que, para além de equiparem os seus formandos com competências técnicas, os motivassem a servir as respectivas comunidades, criando emprego, formando os trabalhadores e produzindo bens de qualidade a um preço razoável.

D. Álvaro interessava-se especialmente por projetos que respondessem a necessidades específicas de certas zonas. Assim, por exemplo, no final da década de 1980, animou e apoiou os membros do Opus Dei da República Democrática do Congo que estavam empenhados em construir uma clínica com internamento numa área muito pobre dos arredores da capital onde não havia assistência médica. Durante a visita que fez a Kinshasa, em 1989, o presidente da Conferência Episcopal explicou-lhe que, devido à falta de qualidade dos cuidados médicos no país e às fortes ligações entre o sistema de segurança social e o sistema paralelo da Bélgica, era costume os religiosos e os sacerdotes deslocarem-se à Bélgica quando adoeciam — mesmo que a doença não fosse muito grave —, uma prática que, para além de ser dispendiosa, perturbava o normal funcionamento das atividades; e perguntou-lhe se os membros do Opus Dei não poderiam expandir a clínica que estavam a construir, transformando-a num hospital modernizado em que proporcionassem a pessoas de todos os estratos sociais cuidados de saúde que lhes permitissem evitar a essas deslocações à Bélgica. A Obra estava no Congo há menos de uma década e a sua presença era ainda bastante reduzida; mas D. Álvaro transmitiu esta sugestão aos seus filhos, e os médicos assumiram o desafio.

Deram então início à construção do Hospital de Monkole, um hospital com internamento localizado num dos bairros mais pobres dos arredores de Kinshasa. Embora o país tenha sido devastado por duas terríveis guerras civis (em 1996-1997 e em 1998-2003), Monkole viria a ser um centro hospitalar com 50 camas, departamentos especializados em cuidados neonatais e pediátricos, bem como no tratamento de aids, uma escola de enfermagem, e um centro de formação para auxiliares de enfermagem; é hoje um dos maiores e mais modernos centros médicos do Congo, tendo em marcha um plano de expansão para 150 camas.

Monkole continua a estar localizado num bairro pobre dos arredores da capital, onde proporciona cuidados de saúde a preços reduzidos; tem ainda três dispensários noutros três bairros pobres. A qualidade dos cuidados que ali se prestam não atrai apenas os pobres, mas também os membros do corpo diplomático, os funcionários das empresas estrangeiras e das organizações não governamentais, e ainda os membros das ordens religiosas e do clero; os preços que essas pessoas pagam permitem ao hospital continuar a proporcionar cuidados de grande qualidade aos muitos doentes que não podem pagá-los a preço de custo. O diretor clínico costuma dizer que gere um sistema «à la Robin Hood».

Formação

A formação era outra das prioridades de D. Álvaro; para além de proporcionar aos jovens uma excelente instrução, também queria que eles se preparassem para ser bons pais, bons cidadãos e bons católicos. Para isso, era preciso criar novas escolas e desenvolver as já existentes em muitos países, implicando ativamente os pais. Seguindo o exemplo de São Josemaria, D. Álvaro insistia em que os colégios se centrassem primeiro nas famílias, depois nos professores e só então nos alunos; e incentivava os seus promotores a atraírem alunos de famílias das classes alta e média alta, a fim de conseguirem criar um generoso programa de bolsas para os filhos das famílias pobres.

Só uma pequena percentagem desses colégios eram obras corporativas do Opus Dei, mas isso não os impedia de apresentarem muitas características próprias do espírito da Obra, como a insistência na liberdade, o desejo de excelência acadêmica e a preocupação com o desenvolvimento integral — incluindo o religioso — dos alunos.

Ao tempo da morte de São Josemaria, havia três universidades que eram obras corporativas do Opus Dei: a Universidade de Navarra, em Pamplona, Espanha; a Universidade Pan-Americana, com faculdades na Cidade do México, em Guadalajara e em Aguascalientes; e a Universidade de Piura, no Peru. D. Álvaro compreendeu a necessidade de estas instituições possuírem programas sérios de investigação, nomeadamente para «demonstrarem que a crença em Deus não paralisa nem bloqueia a razão, a capacidade de conhecer a realidade e de fazer progredir a vida humana». Por isso, na sua qualidade de grão-chanceler da Universidade de Navarra, promoveu a criação do Centro de Investigação Médica Aplicada — que, contudo, para ser um centro de investigação de nível mundial, teria de contar com investimentos em pessoal e dinheiro que ultrapassavam em muito aquilo que a universidade tinha à sua disposição; mas D. Álvaro insistiu, e a universidade acabou por conseguir fazer parcerias com empresas farmacêuticas e de aparelhos clínicos, nacionais e internacionais, obtendo assim recursos para financiar esse centro. Neste momento, o centro conta com mais de 300 investigadores, cientistas e médicos especializados em áreas como a terapia genética, a hepatologia, a ciência cardiovascular, a oncologia e as neurociências.

Com o apoio e o incentivo de D. Álvaro, foram fundadas novas universidades na Colômbia, na Argentina, no Chile e nas Filipinas; e D. Álvaro empenhou-se muito em especial no projeto de criação, em Roma, de uma instituição universitária especializada em ciências biomédicas. Deste modo, e a despeito de o contexto legal na Itália ser pouco favorável à criação de universidades privadas, vários membros da Obra, juntamente com amigos e colegas da área da Medicina, conseguiram criar em Roma uma instituição com uma faculdade de Medicina, um hospital universitário, uma escola de Enfermagem e uma faculdade de Engenharia Biomédica e Química.

Nenhuma destas instituições é «católica», no sentido de ser promovida pela hierarquia; são instituições criadas e geridas por profissionais dos respectivos ramos. Mas são escolas imbuídas de espírito cristão, o que as coloca ao serviço da Igreja. Quando se dirigia ao corpo docente de alguma delas, D. Álvaro insistia sempre na importância de ensinarem «como cristãos», salientando que nenhum deles, incluindo aqueles que davam aulas de matérias técnicas, podia deixar as suas convicções cristãs do lado de fora da porta quando entrava na sala de aula, como costumava dizer.

Serviço eclesial

D. Álvaro promoveu ainda uma série de instituições destinadas a servir diretamente as necessidades da Igreja. Desde a década de 1950 que São Josemaria sonhava em abrir em Roma uma universidade aonde sacerdotes de todo o mundo pudessem estudar Filosofia, Teologia, Direito Canônico e outras matérias eclesiásticas, ao mesmo tempo que seriam incentivados a ter uma profunda vida interior de oração e de sacrifício e a crescer na sua união com o Santo Padre e a Igreja Universal.

Em 1983, D. Álvaro decidiu dar os primeiros passos para a realização desse sonho, e criou aquilo que viria a ser a Universidade Pontifícia da Santa Cruz. Era um projeto intimidador. Com efeito, nos últimos anos, o número de vocações sacerdotais e religiosas tinha diminuído drasticamente, fazendo diminuir o número de potenciais alunos. Roma já contava com um número muito elevado de universidades e outras instituições pontifícias, algumas com séculos de tradição e enorme prestígio. Reunir um novo corpo docente, adquirir um espaço adequado e encontrar alunos implicaria um enorme esforço. Mas D. Álvaro observou: «Não podemos deixar-nos levar por uma falsa objetividade, que poderia fazer-nos centrar nas dificuldades [...], esquecendo que, no outro prato da balança, se encontra a graça de Deus, que é mais forte que elas».

O simples processo de obtenção de autorização para criar uma nova universidade já era complicado. D. Álvaro decidiu avançar para um projeto de natureza temporária, criando em Roma um programa patrocinado pelas faculdades eclesiásticas da Universidade de Navarra. O problema do espaço foi resolvido através de um acordo com a Santa Sé, que concedeu à nova instituição o arrendamento do Palazzo dell'Appolinaire, um enorme edifício histórico localizado no centro de Roma, ao pé da Piazza Navona.

O Centro Acadêmico Romano da Santa Cruz abriu as suas portas em 1984, com 40 alunos. Seis anos depois, recebia a categoria de ateneu pontifício, e em 1998 foi designado universidade pontifícia por João Paulo II. Em 2013, a universidade tinha 1020 alunos de 81 países: cerca de 460 provinham da Europa, 157 da América Central e do Sul, 137 do Canadá, dos Estados Unidos e do México, 121 da Ásia, 109 da África e seis da Oceânia.

A pedido do Papa João Paulo II, D. Álvaro criou ainda dois seminários internacionais, um em Pamplona, em 1988, e outro em Roma, em 1991. Para além de darem alojamento aos jovens que estão a estudar para o sacerdócio nas faculdades de Teologia da Universidade de Navarra e da Pontifícia Universidade da Santa Cruz, estes seminários são centros de formação para futuros sacerdotes de dioceses de todo o mundo. Por esta altura, o seminário de Bidasoa, na Espanha, tem 100 alunos provenientes de 46 dioceses de 14 países; e o seminário Sedes Sapientiae, em Roma, tem 86 alunos provenientes de 58 dioceses de 27 países.

Nos anos que se seguiram à queda dos regimes comunistas da Europa Central e de Leste, D. Álvaro teve um especial interesse em proporcionar aos sacerdotes e seminaristas dessa parte do globo a oportunidade de estudarem em Roma. Tendo em consideração a situação da Igreja nesses países, esses estudantes precisariam de um apoio financeiro de peso para poderem estudar na Cidade Eterna, pelo que D. Álvaro promoveu a criação de uma fundação internacional destinada a angariar fundos com esse objetivo. Nesta altura, há uma grande percentagem de alunos da Europa Central e Oriental, da África e da América do Sul que recebem bolsas que cobrem uma grande parte das suas mensalidades e despesas correntes.

Serviço pessoal à Igreja

A ideia, tantas vezes repetida por São Josemaria, de que o Opus Dei existe para servir a Igreja serviu de mote à orientação que D. Álvaro conferiu não apenas às atividades do Opus Dei, mas também à sua própria atividade pessoal. A despeito da enorme carga de trabalho que lhe impunha o governo do Opus Dei, desempenhou diversos cargos no Vaticano, nomeadamente consultor da Congregação para a Doutrina da Fé até 1983, consultor da Congregação para as Causas dos Santos a partir de 1982 e consultor do Conselho Pontifício para as Comunicações Sociais a partir de 1984. Mas o cargo que mais tempo lhe tomou foi indubitavelmente o de consultor da Comissão para a Revisão do Código de Direito Canônico, no decurso do qual participou em quatro grupos de estudo e escreveu numerosos relatórios, alguns bastante longos.

São João Paulo II também lhe pediu que participasse em três assembleias do sínodo dos bispos. No sínodo de 1987, sobre a vocação e a missão dos leigos, D. Álvaro falou acerca da vocação universal para a santidade, do caráter secular da missão dos leigos e da necessidade de comunhão eclesial; durante o sínodo sobre a formação dos sacerdotes, fez uma comunicação sobre o sacerdote como «ministro da Igreja e servo dos homens». Uma das pessoas que participaram nesses sínodos considerou que as suas intervenções foram modelos de «lucidez, respeito e [...] adesão ao Magistério da Igreja».

Amor à Igreja

D. Álvaro acolhia de braços abertos o surgimento de novas instituições ao serviço da Igreja, afirmando que, graças a isso, «muitas mais pessoas se aproximarão de Deus». Esta atitude refletia-se, por exemplo, nas suas relações com o movimento Comunhão e Libertação, fundado por Monsenhor Luigi Giussani. Uma forma de mostrar o seu apoio a este grupo numa altura em que ele enfrentava dificuldades em determinados círculos eclesiásticos foi convidar Monsenhor Giussani por duas vezes para almoçar na sede central do Opus Dei e em participar numa mesa redonda por ele organizada. Em carta a D. Álvaro, o fundador da

Comunhão e Libertação escreveria: «A caridade delicada e operativa com que sempre lidou conosco é motivo de exemplo e edificação. Por isso esperamos continuar a receber os seus conselhos e o seu apoio».

O amor de D. Álvaro à Igreja e a sua análise teológica do papel dos bispos levavam-no a rezar por eles e a tentar apoiá-los. Uns meses antes de D. Oscar Romero, bispo de El Salvador, ter sido assassinado, D. Álvaro escreveu-lhe: «Asseguro-lhe que rezo diariamente na Santa Missa por si e por todo o trabalho com as almas que leva a cabo». E, quando visitava catedrais e santuários de Nossa Senhora, gostava de enviar postais aos seus amigos que eram membros da hierarquia da Igreja, expressando-lhes assim o seu afeto e a sua oração; muitos dos que receberam esses postais testemunhariam posteriormente o bem que essa simples prova de amizade lhes tinha feito.

Por outro lado, D. Álvaro animava os membros do Opus Dei, os cooperadores e os amigos a estarem muito unidos ao respectivo bispo. Em carta a uns jovens que se preparavam para ser ordenados, escrevia em 1976: «Permanecei sempre muito unidos ao Romano Pontífice, o Pai comum dos fiéis e Vigário de Cristo na Terra — o "Vice-Cristo" como o nosso Padre lhe chamava afetuosamente. E, em cada diocese, estai muito unidos ao bispo, dando-lhe provas de profundo afeto e grande respeito. Recordai-vos do amor intenso, teológico e humano, que o nosso amado fundador tinha aos bispos diocesanos».

Nos muitos encontros que manteve com padres diocesanos, insistia com eles para que rezassem diariamente pelas intenções do respectivo bispo e para que o vissem como um pai, que necessitava do afeto e da colaboração dos seus sacerdotes; e recordava-lhes frequentemente uma expressão de Santo Inácio de Antioquia: *nihil sine episcopo* («nada sem o bispo»).

D. Álvaro tinha grande estima e afeto pelas ordens e as congregações religiosas, em especial pelos membros das comunidades contemplativas; dava-lhe grande alegria que rezassem pelo Opus Dei. Certa vez em que alguém lhe falou do «poder» do Opus Dei, respondeu: «Sim, temos uma grande arma que poucos conhecem, a oração de muitos conventos de clausura em todo o mundo, que rezam por nós. Essa é a nossa arma».

Encorajava os membros da Obra a rezarem «pelas religiosas de clausura, que são um grande tesouro para a Igreja. Rezai para que tenham muitas vocações e para que sejam muito santas». Em várias ocasiões, esforçou-se por conseguir contribuições para conventos com necessidades específicas, e apoiou a causa de beatificação de uma série de freiras, em especial carmelitas descalças, entre as quais Edith Stein, que é hoje conhecida por Santa Teresa Benedita da Cruz.

Ajudou pessoalmente várias ordens religiosas a resolver as dificuldades colocadas pela necessidade de se adaptarem a novas situações, de acordo com o mandato do Concílio Vaticano II, ao mesmo tempo que se mantinham fiéis ao respectivo carisma fundacional; especialmente notório foi o apoio que deu às futuras Filhas de Nossa Senhora do Coração de Jesus.

No final da década de 1970 e começo da de 1980, a irmã María de Jesús Velarde, superiora da província da Espanha das Filhas de Nossa Senhora do Sagrado Coração de Jesus, uma congregação que tinha sido fundada em França no século XIX, chegou à conclusão de que a única maneira de os conventos da Espanha permanecerem fiéis ao carisma da ordem, mantendo a sua unidade e a sua vitalidade, era tornando-se independentes; a primeira pessoa que a orientou e ajudou nesse processo foi o seu confessor, o padre Jesús Solano, SJ.

Depois da morte deste jesuíta, a irmã María de Jesús conheceu D. Álvaro, que se ofereceu para a ajudar; no decurso dos nove anos que se seguiram, a religiosa avistou-se 36 vezes com D. Álvaro, em reuniões que duravam geralmente uma hora, falou com ele ao telefone mais de 100 vezes e recebeu uma dúzia de cartas suas. Graças, em grande parte, ao apoio de D. Álvaro, a Santa Sé veio efetivamente a transformar a província da Espanha numa nova congregação das Filhas de Nossa Senhora do Sagrado Coração de Jesus, que atualmente tem conventos em Roma, nos Estados Unidos, no México, na Guatemala, em El Salvador, no Peru, na Argentina e no Chile, para além da Espanha.

No quinquagésimo aniversário do Opus Dei, D. Álvaro observou que «o amor à Santa Igreja é um aspecto central do seu espírito». Um dos seus colaboradores mais próximos perguntou-lhe certa vez se devia aceitar um cargo que seria de serviço à Igreja, mas lhe tomaria muito tempo. D. Álvaro respondeu-lhe: «Diz sempre que sim», uma resposta que reflete a sua própria atitude ao longo de toda a vida.

CAPÍTULO 17

Contatos multitudinários

Desde o princípio que D. Álvaro percebeu que as tertúlias informais com pequenos grupos eram uma forma importante de, enquanto Padre, comunicar o espírito do Opus Dei. Nos últimos anos da sua vida, contudo, o fundador também tinha organizado tertúlias informais com grupos numerosos, a começar pelos universitários que se deslocavam a Roma na Páscoa para o congresso internacional UNIV, e a acabar em encontros com enormes multidões em auditórios e espaços ao ar livre, durante as suas viagens de catequese pela Espanha e a América Latina.

Havia fortes razões para manter esta tradição mas, a princípio, D. Álvaro achou que não seria capaz. Com efeito, o fundador era dotado de uma voz extraordinariamente calorosa e uma personalidade extrovertida, que lhe permitia estabelecer facilmente contatos pessoais com os seus ouvintes, mesmo que estivesse diante de milhares de pessoas. Mas o seu sucessor, embora fosse uma pessoa carinhosa e calorosa, era por temperamento bastante menos extrovertido — na verdade, era tímido e reservado — e, embora falasse bem, não possuía os dotes literários e poéticos de São Josemaria, nem o seu sentido de oportunidade e o seu instinto dramático.

Contudo, e apesar dos seus receios, os membros do Conselho Geral encorajaram-no a prosseguir com a tradição de se avistar com os estudantes universitários que frequentavam centros do Opus Dei em todo o mundo, e que se deslocavam a Roma na Páscoa para ver o Santo Padre e participar no UNIV. D. Álvaro acedeu, comentando: «Não serei eu a fazê-lo. Será o Espírito Santo a trabalhar as almas».

Embora decorressem num estilo e num tom muito diferentes dos de São Josemaria, os encontros de D. Álvaro com os universitários tinham o mesmo ambiente caloroso de uma reunião de família; os jovens apercebiam-se do seu interesse genuíno e do seu afeto por eles, e pagavam-lhe na mesma moeda. Dizia um deles: «Tive a impressão de que o Padre estava a falar só comigo, em privado, que me olhava até o fundo da alma e me comunicava a profundidade e a exigência da sua própria vida». Os membros do Opus Dei saíam dessas tertúlias com uma maior certeza de que a Obra é uma família, e os seus amigos faziam muitas vezes propósitos de melhorar a sua vida cristã, chegando mesmo, alguns deles, a descobrir que tinham vocação para o Opus Dei ou para outras formas de apostolado.

Viagens apostólicas

Embora continuasse convencido de que não tinha dotes naturais para falar com grandes multidões, os resultados do UNIV confirmaram em D. Álvaro a convicção de que o Espírito Santo compensaria o que a ele lhe faltava. «O importante», dizia aos seus ouvintes, «não é o que eu digo, mas o que o Espírito Santo faz com que cada um de vós ouça no íntimo da sua alma. O Santificador atua se nós deixarmos, e a sua ação transforma-nos a alma». D. Álvaro decidiu então manter a tradição inaugurada por

São Josemaria e deslocar-se a diferentes países, para se encontrar com o maior número possível de pessoas nesse gênero de tertúlias informais; e, durante o resto da sua vida, essas viagens constituiriam uma parte importante do seu calendário.

Como seria natural, viajou com mais frequência pela Europa do que pelos outros continentes; algumas dessas viagens eram relativamente prolongadas, mas outras foram visitas curtas, durante as quais se limitava a visitar os centros do Opus Dei e a avistar-se com os membros da Obra, juntando a isto um ou dois encontros mais alargados noutro local qualquer.

Quando se deslocava para fora da Europa, fazia visitas mais prolongadas e tinha vários encontros com grandes grupos de pessoas; algumas dessas viagens foram feitas a países do continente americano. A primeira, que teve lugar em 1983, destinou-se a visitar o Santuário de Nossa Senhora de Guadalupe, para agradecer à Virgem a ereção do Opus Dei a prelazia pessoal; a caminho do México, deteve-se dois dias no Canadá, mas passou o tempo quase todo no México, onde esteve de 27 de abril a 23 de maio.

No segundo dia da sua novena de ação de graças na Basílica de Guadalupe, o abade convidou-o a entrar na pequena câmara onde se encontra a imagem de Nossa Senhora, e onde os visitantes podem beijar o vidro que a cobre. Profundamente comovido, D. Álvaro beijou as mãos e os pés da imagem, mas declarou que não se sentia digno de lhe beijar o rosto; quando, porém, D. Javier Echevarría lhe recordou que a Virgem é nossa Mãe, D. Álvaro deu-lhe um carinhoso beijo no rosto.

A seguir à novena, teve tertúlias com milhares de pessoas, na Cidade do México e noutras zonas do país; e ainda arranjou tempo para se avistar com pessoas com necessidades especiais. O primeiro foi um membro da Obra que estava paralisado e tinha perdido a fala em consequência de um tumor cerebral; D. Álvaro cumprimentou-o dizendo-lhe: «Os teus olhos exprimem o teu amor a Deus e o teu amor à Obra, o teu amor ao Padre e o teu amor aos teus irmãos. [...] Lembro-me de ti todos os dias. Rezo por ti todos os dias. Precisamos um do outro. Eu preciso de ti e tu precisas de mim». No final desta visita, depois de lhe ter dito que estivesse muito alegre e sereno, D. Álvaro acrescentou: «Vejo que estás. Vejo nos teus olhos o teu amor a Deus, o teu amor à vocação, o teu amor ao Padre»; depois deu-lhe um beijo na testa, comentando que estava a beijar a Santa Cruz.

No dia em que partiu do México, D. Álvaro foi despedir-se de Nossa Senhora de Guadalupe e fez a sua oração em voz alta: «Como te lembras, Mãezinha, o nosso Padre veio aqui rezar-te. E nós viemos agradecer-te. O nosso Padre terminou aquela novena diante desta tua imagem dizendo: "Mãe, não te peço mais nada porque sei que me ouviste; estou nas tuas mãos". E ouviste-nos efetivamente, e continuamos a estar nas tuas mãos. Em nome de toda a Obra, para além de te agradecer, peço-te que sejamos fiéis. [...] Mãe nossa, olha para nós com esses teus olhos cheios de misericórdia. Tu olhas para nós. Sabemos que sim. Sentimo-lo do fundo do coração e queremos-te muito».

Depois do México, fez uma breve passagem pela Guatemala e pela Colômbia e, já no final da viagem, esteve em Nova Iorque, onde se avistou com o cardeal Cooke, foi rezar à Catedral de São Patrício e conversou com membros e amigos do Opus Dei. Comentando que os Estados Unidos têm uma enorme influência no mundo, tanto para bem como para mal, ilustrou esta ideia contando que, numa visita recente à Polônia, tinha observado os efeitos não só do materialismo ateu imposto pelo regime comunista, mas também do materialismo prático, que se refletia no comportamento dos turistas americanos. «Vim dizer-vos, com todo o afeto da minha alma, que tendes de reagir», concluía. «Tendes de ser, todos vós, fermento que levede a massa, para que esta grande nação americana possa tornar-se pão bom de Cristo».

Durante essa primeira viagem ao continente americano, avistou-se com mais de 150 grupos, uns com meia dúzia de pessoas, outros com vários milhares. Foi uma viagem extenuante para um homem de quase 70 anos e com falta de saúde, mas D. Álvaro parecia ir buscar energia aos frutos espirituais da mesma: conversões, maior seriedade na prática da fé, e vocações de total serviço a Deus.

* * *

Em 1987, D. Álvaro passou mais de um mês em visita à Ásia e à Oceania, e fez tertúlias em Singapura, Hong Kong, Taiwan, Coreia e Japão. Muitos dos participantes nessas tertúlias não eram cristãos, e o prelado da Obra dirigia-se-lhes com grande afeto, expressando com frequência a admiração que sentia pelas suas qualidades humanas, ao mesmo tempo que acentuava a sua própria fé em Cristo e na Igreja. Em Taipé, por exemplo, comentou a dedicação ao trabalho que tinha permitido aquele milagre económico, bem como a hospitalidade e outras virtudes que tinha observado; mas não deixou de referir que tinha a esperança de que «a luz de Cristo — que é a única luz verdadeira — chegue a todas as pessoas deste grande país».

* * *

A sua maior viagem catequética, que decorreu entre 17 de janeiro e 11 de março de 1988, foi ao Canadá, aos Estados Unidos e a Porto Rico, com uma breve passagem pelo México (essencialmente para ir de novo ao Santuário de Nossa Senhora de Guadalupe). Nos Estados Unidos, esteve em praticamente todas as cidades onde havia centros do Opus Dei: Boston, Nova Iorque, Washington, Miami, Houston, Los Angeles, San Francisco, Chicago, St. Louis, Milwaukee e Pittsburgh. Uma viagem dessas seria sempre, em quaisquer circunstâncias, longa e extenuante; mas percorrer o Canadá e o Midwest americano a meio do inverno acrescentava às outras fadigas as tempestades de neve, com a consequente ameaça de encerramento de estradas e aeroportos. D. Álvaro fez essa viagem toda sem pausas.

Em Boston, observou que, depois de ter visto a Universidade de Harvard e o MIT, se sentira tentado a perguntar a si próprio o que poderia o Opus Dei, com os meios limitados a que tinha acesso, fazer num meio daqueles. Mas depois recordou-se da experiência que São Josemaria tivera em Londres, em 1958, quando, contemplando a riqueza e o poder acumulados pelos grandes bancos e as empresas financeiras internacionais, tinha pensado: «Não sou capaz»; ao que o Senhor lhe respondeu: «Tu não, mas Eu sim».

«O que havemos de fazer?», perguntou D. Álvaro nessa altura. «Temos de nos esforçar por ser sal e levedura, para que aqueles que fazem parte destas instituições poderosas se aproximem de Deus e tenham mais espírito cristão. Dessa forma, prestaremos um grande serviço a esta nação e a todo o mundo».

Durante essa viagem, referiu-se de forma recorrente a temas como a família e a abertura à vida. Em Los Angeles, tratou a questão do adiamento dos filhos por razões econômicas, comentando que ela se levanta sobretudo nos países ricos; e exortava os ouvintes: «Peço-vos que difundais por toda a parte a verdadeira doutrina da Igreja, de que não é lícito cegar as fontes da vida, e usar contraceptivos».

Talvez pela dimensão e a influência dos Estados Unidos no mundo, parece ter insistido mais do que habitualmente na necessidade de muitas vocações; quando, em Chicago, lhe perguntaram que sonho tinha, respondeu: «Ao ver esta cidade imensa e este país imenso, um sonho muito bom é aquele que o nosso Padre escreveu em *Caminho*: "Jesus! Almas!... Almas de apóstolo! São para Ti, para a tua glória"».

* * *

As últimas viagens de grande fôlego de D. Álvaro foram à África, onde passou mais de 30 dias durante todo o ano de 1989. Devido ao seu precário estado de saúde e às dificuldades de deslocação de um país para outro, acabaria por fazer quatro viagens, regressando a Roma depois de cada uma delas: foi ao Quênia entre 1 e 10 de abril; ao Zaire e aos Camarões entre 22 e 30 de agosto; à Costa do Marfim entre 14 e 19 de outubro; e à Nigéria entre 9 e 20 de novembro.

Em Nairobi, foi nomeado ancião: ofereceram-lhe um bode, juntamente com um escudo e uma lança, símbolos da obrigação de proteger o povo, bem como um caça-moscas, que representa o dever de abrir caminho aos que vêm depois dele. No começo da primeira tertúlia em

Nairobi, animando os seus ouvintes a serem ousados na sua vida interior e no apostolado, citou um provérbio queniano: «Não há montanhas no caminho que vai dar a casa da amada».

No Quênia e nos outros países africanos que visitou, D. Álvaro insistiu na necessidade de trabalhar para eliminar a pobreza e ultrapassar as divisões entre raças e tribos. «Temos de compreender e amar a todos. Se recebemos mais dons de Deus, temos de os usar para ajudar os nossos irmãos mais necessitados. Embora seja natural termos mais afeto pelos membros da mesma tribo e da mesma nação», comentava, «temos de construir uma realidade sobrenatural com base nesta realidade humana. Pertencer a determinada tribo não devia separar-nos dos outros. Pertencer a uma tribo é uma realidade, mas por cima dela temos de colocar a Cristo. Então, o nosso coração expandir-se-á e todas as tribos caberão dentro dele».

D. Álvaro insistiu igualmente nas grandes esperanças que o Santo Padre e ele próprio depositavam na África: «O Papa espera muito de vós», comentou. «Sois o continente do futuro, mas é necessário dar mais ao Senhor».

Nos anos que se seguiram à morte de São Josemaria, D. Álvaro visitou mais de três dúzias de países e avistou-se com centenas de milhares de pessoas, de todas as idades, culturas e condições sociais. Certa vez, observou: «Para mim, um dia de trabalho em Roma custa-me muito mais do que um ano inteiro a pregar em todos estes lugares diferentes. É uma alegria tão grande entrar em contato com tantas almas e ver como Deus as toca e as atrai para Si». E não há dúvida de que falava a sério. Mas o cansaço das viagens intercontinentais e a tensão de falar várias vezes por dia perante grandes audiências tiveram um preço elevado. No final da sua última viagem a África, D. Álvaro estava com 75 anos e tinha uma saúde delicada; continuaria a viajar por toda a Europa praticamente até ao fim da vida, mas deixaria de ter forças para fazer viagens intercontinentais.

CAPÍTULO 18

Amigo de jardineiros e Papas

Embora fosse discreto por temperamento, D. Álvaro tinha um dom natural para a amizade e compreendia que, sendo amigo de uma pessoa, podia ajudá-la a ser mais amiga de Cristo. As suas amizades não eram passageiras nem superficiais; com efeito, amizades que fez na faculdade, no Exército, como engenheiro e como jovem sacerdote duraram, em muitos casos, até ao final da sua vida.

Era amigo de todo o tipo de pessoas. Durante a década em que Villa Tevere esteve em construção, manteve um contato estreito com Leonardo Castelli, proprietário de uma grande empresa de construção. D. Álvaro era um cliente exigente, que não deixava passar o mais pequeno defeito, mas tornou-se grande amigo de Castelli e da sua família, de quem foi depois conselheiro e diretor espiritual. Certa vez em que D. Álvaro esteve hospitalizado, a família foi em peso visitá-lo e Leonardo insistiu em pagar a conta do hospital; e, quando diagnosticaram uma doença fatal ao próprio Leonardo, a família pediu a D. Álvaro que lhe administrasse a Unção dos Enfermos.

Durante uma visita à Catedral de Notre Dame, em Paris, D. Álvaro cruzou-se com um jovem africano, com quem manteve uma curta conversa; o jovem começou a corresponder-se com ele, e algum tempo depois decidiu ser padre. Atualmente, exerce o seu ministério no Canadá e tem na parede do seu gabinete uma fotografia de D. Álvaro, a quem trata afetuosamente por «Papa».

Entre os amigos de D. Álvaro contavam-se muitas pessoas que o conheceram por via do seu trabalho: o porteiro do prédio onde vivia a família Castelli chamava sempre a mulher, os filhos e os netos para cumprimentarem D. Álvaro quando este saía do prédio; o homem que durante muitos anos lhe fez as batinas foi ao velório de D. Álvaro com a mulher e a filha, e recordava que o prelado da Obra os tinha animado muitas vezes a amar a Deus e a falar dele às pessoas com quem se cruzavam. Os porteiros e outros funcionários do Vaticano atravessavam a rua para o cumprimentar quando o viam, mesmo depois de se terem aposentado.

Manolo, o jardineiro de um centro de convívios e retiros onde D. Álvaro ia de vez em quando descansar uns dias afirmava que se sentia membro da família do prelado da Obra. No dia em que começara a trabalhar, D. Álvaro perguntara-lhe quem era, e dera-lhe um abraço, embora ele estivesse todo suado, porque tinha estado a trabalhar. «Falou comigo como se me conhecesse de toda a vida», recordou esse jardineiro. E, quando Manolo adoeceu gravemente, D. Álvaro rezava por ele todos os dias e sempre que o via perguntava-lhe como estava e o que tinham dito os médicos; depois de D. Álvaro morrer, Manolo comentou: «Agora ainda me sinto mais seu amigo, e peço-lhe muitas coisas».

Até ao final da sua vida, contou entre os seus amigos o especialista que tinha tratado São Josemaria da diabetes, embora as muitas excentricidades desse médico, bem como a sua falta de aptidões sociais, tornassem difícil, ou mesmo desagradável, a conversa com ele. À medida que os anos foram passando, eram cada vez mais os amigos que o abandonavam; a certa altura, D. Álvaro era o único que o convidava para jantar e que aceitava os seus convites, ouvindo pacientemente as suas teorias.

Durante o Concílio Vaticano II, D. Álvaro tornou-se amigo de uma série de bispos e peritos conciliares, muitos dos quais continuaram a dar-se com ele até ao final da vida. Escreveu o cardeal Edouard Gagnon, canadense: «A estima e a gratidão que senti pelo bispo Álvaro del Portillo desde que nos conhecemos foram sempre em crescendo e transformaram-se em autêntica veneração. Naquela altura, os nossos encontros fizeram muito bem à minha vida espiritual. Hoje, a memória desse pastor exemplar é uma fonte de inspiração para mim. [...] Sempre me senti pequeno na sua presença, mas também me sentia revigorado, porque ele me recordava que Deus faz grandes obras utilizando homens de pouco valor». Na homilia de uma missa por D. Álvaro, o cardeal Law, de Boston, afirmou: «Fui muitas vezes objeto da sua hospitalidade em Roma. Era um homem extraordinariamente afetuoso. Quando estava com ele, tinha sempre a sensação de que fazia parte da família».

Amigo de Papas

As histórias das amizades de D. Álvaro com todo o gênero de pessoas davam para encher um livro, mas vamos agora abordar a sua amizade com vários Papas.

Desde os primórdios do Opus Dei que São Josemaria rezava fervorosamente, e ensinava os membros da Obra a rezarem pelo Santo Padre, uma aspiração que incorporou em *Caminho*: «*Omnes cum Petro ad Iesum per Mariam*» («Todos com Pedro a Jesus por Maria»). A união ao Papa, seja ele quem for, é um aspecto central do espírito do Opus Dei; mas a relação de D. Álvaro com os Papas, e em especial com João Paulo II, foi também uma relação pessoal de amizade calorosa.

Quando D. Álvaro sucedeu a São Josemaria no governo do Opus Dei, a sua amizade com o Papa Paulo VI já tinha 32 anos, remontando ao primeiro encontro que tinham tido em Roma, em 1943. Essa relação assumiu novos conteúdo e significado quando, em junho de 1963, o cardeal Montini ascendeu à cátedra de Pedro, e voltou a mudar quando D. Álvaro foi posto à frente dessa «pequena parte da Igreja» que é o Opus Dei.

No velório de São Josemaria, o vice-secretário de Estado, que ali se deslocara em representação do Papa, comunicou a D. Álvaro que Paulo VI lhe mandara dizer que estaria espiritualmente presente, rezando ao lado do corpo daquele «filho fidelíssimo» da Igreja e do Vigário de Cristo. Em telegrama enviado à sede do Opus Dei, o secretário de Estado dizia que o Santo Padre estava a rezar pela alma do fundador e enviava a sua bênção a todos os membros do Opus Dei. Na carta em que agradeceu ao Papa Paulo VI, D. Álvaro assegurou-lhe que «diante do túmulo do nosso muito amado fundador, todos nós, Santo Padre, renovamos a nossa firme resolução de ser muito fiéis ao seu espírito, e também nós oferecemos a nossa vida pela Igreja e pelo Papa».

A primeira audiência de D. Álvaro, na qualidade de presidente geral do Opus Dei, com Paulo VI teve lugar a 5 de março de 1976 e durou mais de uma hora. D. Álvaro, que pediu autorização ao Papa para revelar uma parte do conteúdo dessa audiência aos membros da Obra, ficou radiante ao ouvir o Santo Padre dizer que considerava que o fundador do Opus Dei era «uma das pessoas da história da Igreja que mais carismas tinham recebido de Deus e que mais generosamente tinham correspondido a essas graças». O Papa urgiu D. Álvaro a deixar por escrito tudo o que dizia respeito ao fundador do Opus Dei, já que se tratava, disse, de «um tesouro, não apenas para o Opus Dei, mas também para toda a Igreja».

O amor ao Papa fazia com que D. Álvaro partilhasse as suas intenções e os seus sofrimentos. Ao saber que Paulo VI tinha considerado necessário suspender o arcebispo Lefebvre por desobediência, ficou profundamente incomodado com o sofrimento que essa decisão causaria ao Papa e o mal que faria à Igreja; no dia seguinte, enviou um telegrama ao secretário de Estado, solicitando-lhe que comunicasse ao Santo Padre que o Opus Dei estava muito unido a ele e rezava por ele nessas circunstâncias difíceis; e voltou a expressar esses sentimentos alguns dias depois, por carta.

Em 1977, quando Paulo VI fez 80 anos, D. Álvaro enviou-lhe um exemplar da primeira edição de *Caminho*, acompanhado de uma carta calorosa. Durante a Semana Santa de 1978, o Papa adoeceu e não pôde participar na habitual audiência das quartas-feiras, mas D. Álvaro animou os milhares de universitários que se tinham deslocado a Roma para participar no congresso UNIV a irem à Praça de São Pedro receber a bênção que o Santo Padre daria da janela; estava convencido de que o Papa se sentiria mais animado ao ver tantos jovens.

A 19 de junho de 1978, teve outra audiência privada com o Papa Paulo VI, novamente de uma hora. O Pontífice pediu-lhe que rezasse diante do túmulo do fundador pela Igreja e pelo Papa, e D. Álvaro respondeu-lhe que o faria assim que regressasse a Villa Tevere. «Não», respondeu Paulo VI, «primeiro tem de ir almoçar. Só lhe peço que o faça durante o dia de hoje».

Nos dias que antecederam o conclave, foram vários os cardeais que, aproveitando a circunstância de se encontrarem em Roma, quiseram avistar-se com D. Álvaro por ele ser o presidente geral do Opus Dei — e também, em muitos casos, porque eram seus amigos de longa data. A 16 de agosto, o cardeal Wojtyla, de Cracóvia, deslocou-se a Villa Tevere com o bispo Andrzej Deskur, do Conselho Pontifício para as Comunicações Sociais, para almoçar com D. Álvaro, Joaquín Alonso e D. Javier Echevarría. O bispo Andrzej Deskur, que era muito amigo de D. Álvaro e do cardeal Wojtyla, tinha-os apresentado durante uma das sessões do Concílio Vaticano II.

No dia seguinte, quem almoçou em Villa Tevere foi o cardeal Luciani, patriarca de Veneza, que conhecia bem o Opus Dei pelo trabalho que a Obra fazia na sua diocese, e que poucas semanas antes tinha publicado um artigo sobre o fundador do Opus Dei, a quem chamou «um sacerdote revolucionário, que derrubou barreiras tradicionais, apontando caminhos místicos até aos casados». Algum tempo antes, D. Álvaro tinha pedido a algumas filhas suas que rezassem pelo cardeal Luciani, acrescentando: «Que bom Papa seria!».

Quando, depois do almoço, se dirigiram para o oratório para fazer a visita ao Santíssimo Sacramento, D. Álvaro convidou o patriarca a usar o genuflexório que tinha pertencido ao Papa Pio VII, eleito para a Sede de Pedro num conclave que tivera lugar em Veneza, em 1880; o genuflexório fora posteriormente adquirido por São Pio X, que fora patriarca de Veneza, e oferecido ao Opus Dei pela família deste Papa. Quando o cardeal Luciani se ajoelhou, D. Álvaro comentou: «Que isto seja um bom presságio».

No primeiro dia do conclave, D. Álvaro foi visitar um santuário mariano perto de Roma, para rezar pelo futuro

Sucessor de Pedro. No dia seguinte, quando viu sair fumo branco e ainda antes de se saber quem tinha sido o cardeal escolhido, ajoelhou-se e rezou pelo novo Papa.

Depois escreveu ao Papa João Paulo I, recém-eleito: «Uns dias antes da eleição de Vossa Santidade para o papado, tive a alegria e a honra de dizer pessoalmente a Vossa Santidade que eu e todos os membros do Opus Dei estávamos a rezar muito intensamente pelo futuro Papa. Asseguro agora a Vossa Santidade que, seguindo o exemplo e os ensinamentos do nosso fundador de santa memória, continuamos a rezar todos os dias, com as mesmas intensidade e constância, a Deus e à Santíssima Virgem Maria, por Vossa Santidade e por todas as suas intenções».

D. Álvaro ficou satisfeitíssimo com a eleição do cardeal Luciani, porque estava convencido de que ele tinha sido escolhido por Deus para pôr fim aos anos de provação que a Igreja sofrera, e também porque o novo Papa tinha muito boa opinião do Opus Dei e do seu fundador. Pouco depois de ser eleito, João Paulo I comunicou oficiosamente a D. Álvaro que queria resolver a questão do estatuto jurídico da Obra e que tinha dado instruções à Sagrada Congregação para os Religiosos para começar a trabalhar nesse sentido.

A súbita morte do Papa, a 28 de setembro, apenas 33 dias após a sua eleição, foi um duro golpe para D. Álvaro, que chorou ao ouvir a notícia, embora não fosse muito dado a lágrimas. Uma vez mais, rezou pelo Pontífice falecido e pelo seu sucessor, pedindo aos membros da Obra que oferecessem tudo, «até a respiração, para que o Espírito Santo nos dê um Papa de acordo com o Coração de Jesus».

João Paulo II

D. Álvaro ficou muito feliz ao saber que os cardeais tinham elegido o cardeal Wojtyla, que escolheu o nome de João Paulo II. No dia seguinte à eleição, foi ao hospital visitar Andrzej Deskur, que tinha sofrido um ataque de coração e estava bastante mal e, ao sair do quarto do doente, ficou atônito ao ver chegar João Paulo II, que também tinha ido visitar o mesmo amigo; para sua grande alegria, o novo Papa deu-lhe um caloroso abraço. Dois dias depois, foi visitar o Santuário de Nossa Senhora de Mentorella, nos arredores de Roma, um local que o cardeal Wojtyla tinha visitado muitas vezes, e daí enviou um postal ao Papa onde escreveu que os fiéis do Opus Dei ofereciam diariamente milhares de missas pelas intenções do presidente geral da Obra, e que as suas intenções eram as do Vigário de Cristo. Sete dias depois, reiterou a mesma ideia em carta a João Paulo II, acrescentando que «o Opus Dei não tem outra vontade nem outro desejo que não seja ser um bom instrumento nas mãos do Sucessor de Pedro».

Comovido com o postal e a carta, a 27 de outubro, João Paulo II telefonou-lhe pessoalmente a agradecer. Ao receber esse telefonema e depois, sempre que falava com o Papa ao telefone, D. Álvaro ajoelhava-se; e, se lhe acontecia cruzar-se com o Papa nos jardins do Vaticano, ajoelhava-se à sua passagem.

A 28 de outubro, João Paulo II recebeu D. Álvaro num encontro informal que, segundo disse, «não era uma audiência, mas uma reunião de família»; dias depois, D. Álvaro escreveu ao Papa da Áustria, onde se encontrava, recordando-lhe as orações e o trabalho que os membros do Opus Dei ofereciam pelo Papa. Semanas mais tarde,

João Paulo II voltou a convidar D. Álvaro para uma reunião informal.

* * *

Ao aproximar-se o Natal, D. Álvaro soube que era costume na Polônia enviar laranjas aos parentes e amigos pela festa de São Nicolau. Decidiu pois ir ao Vaticano levar laranjas ao Papa, bem como um báculo episcopal com uma imagem de Nossa Senhora de Czestochowa, uns São Nicolau de chocolate e algumas obras de São Josemaria. João Paulo II respondeu em espécie, enviando a D. Álvaro, a 18 de dezembro, um cesto de fruta e uma fotografia sua com uma bênção manuscrita; dois dias depois, enviou-lhe uns quantos postais de Natal com a sua assinatura impressa, para serem distribuídos aos membros do Opus Dei, e no dia seguinte um *pannettonne*, um bolo de Natal tradicional na Itália. No dia de Ano Novo, João Paulo II convidou Joaquín Alonso, um dos dois colaboradores mais próximos de D. Álvaro, para almoçar; durante a refeição, fez um brinde ao Opus Dei, pedindo a Deus que, no ano que começava, concedesse à Obra tudo aquilo de que ela precisava.

D. Álvaro ficou profundamente comovido com estas provas de afeto do Papa porque, como repetia com frequência, estava convencido de que, para além de ser o Sucessor de Pedro, o novo Papa era um santo. «Para além da fé teológica que nos move a amar o Vice-Cristo», comentou com alguns membros da Obra, «João Paulo II é tão cordial, tão bom, tão amável que conquista o coração de todos quantos tratam com ele».

Pela sua parte, João Paulo II apreciava a amizade, o apoio e o zelo pastoral de D. Álvaro. Certo dia, ao almoço,

D. Álvaro referiu-se à importância de levar as pessoas a aproximarem-se do sacramento da Penitência. Concordando com um sorriso, João Paulo II comentou: «Faz-me lembrar os bons e zelosos pastores do meu tempo, que gastavam a sua vida a cuidar das almas, que amavam com todas as suas forças».

Apoio ao Papa

João Paulo II percebeu rapidamente que, para além da oração e do sacrifício, podia contar com o apoio de D. Álvaro em obras. Assim, por exemplo, ao aproximar-se a ordenação, em São Pedro, do seu sucessor na diocese de Cracóvia, o Papa começou a ficar preocupado com a possibilidade de a assistência à cerimônia ser muito reduzida; por isso, pediu a D. Álvaro que incentivasse os membros da Obra que viviam em Roma a estarem presentes. D. Álvaro assim fez — sem no entanto assistir à cerimônia, para que os membros da Obra centrassem as suas atenções no novo bispo.

No seu primeiro ano de pontificado, João Paulo II decidiu celebrar uma Missa dedicada aos universitários, como forma de chegar ao grande número de jovens que estudavam nas universidades de Roma. Os capelães universitários observaram que, em sua opinião, muito poucos universitários iriam a essa Missa; mas D. Álvaro ficou muito entusiasmado com a ideia, e prometeu ao Papa que o Opus Dei a apoiaria de todo o coração. Sugeriu que se imprimissem uns convites, que os membros da Obra e outros universitários que participavam nos meios de formação poderiam distribuir aos colegas; e ofereceu os serviços dos sacerdotes do Opus Dei para confessarem em São Pedro várias horas antes da

Missa. A primeira Missa dos universitários foi um enorme sucesso, tendo contado com a presença de muitos universitários, muitos dos quais aproveitaram essa oportunidade para se confessar.

Posteriormente, o Papa observou que, várias horas antes do início do evento, tinha começado a olhar pela janela para ver se estava a chegar gente, e a princípio ficara preocupado porque não vira ônibus; mas, a certa altura, começou a ver chegar pequenos grupos em número cada vez mais significativo e, quando começou a Missa, a basílica estava cheia. Desde essa altura, João Paulo II passou a celebrar Missa para os universitários duas vezes por ano, e o número dos participantes era cada vez maior.

O Papa decidiu também fazer uma procissão do Corpo de Deus pelas ruas de Roma, pela primeira vez em mais de um século. Uma vez mais, muitos dos seus colaboradores mostraram-se céticos: duvidavam de que as autoridades dessem autorização para isso; e, mesmo que dessem, muito poucas pessoas participariam na procissão. D. Álvaro apoiou entusiasticamente a ideia, não só animando os membros da Obra e os seus amigos a estarem presentes, mas participando pessoalmente na procissão — que é hoje uma tradição em Roma.

Em 1980, durante uma audiência em Roma para os universitários do UNIV, um deles comentou a João Paulo II que a Praça de São Pedro estava incompleta: faltava-lhe uma imagem da Santíssima Virgem. O Papa respondeu: «É verdade! Temos de completar a praça». Algum tempo depois, D. Álvaro enviou ao Santo Padre um projeto, com fotografias de um possível mosaico; mas não recebeu resposta. Até que, a 13 de maio de 1981, o Papa foi alvo de um atentado; nessa altura, João Paulo II decidiu colocar uma imagem de Nossa Senhora na praça, em ação de graças pela sua proteção, e aprovou a proposta de D. Álvaro. A 8 de dezembro desse ano, o Papa abençoou o enorme mosaico de Nossa Senhora, Mãe da Igreja, que se encontra atualmente na praça, e uns dias mais tarde convidou D. Álvaro para concelebrar com ele na sua capela privada, tomando em seguida o café da manhã.

João Paulo II fez 147 viagens durante o seu pontificado. Para além de rezar por estas viagens, D. Álvaro animava os membros do Opus Dei dos países que o Papa ia visitar a rezarem e a fazerem tudo o que estivesse ao seu alcance para que o Pontífice fosse bem recebido e a sua mensagem bem acolhida. Em especial nos lugares onde havia a possibilidade de o Papa não ser bem recebido, D. Álvaro promoveu expressões visíveis — e audíveis — de afeto pelo Santo Padre, entre as quais serenatas ao fim do dia diante dos locais onde o Papa estava alojado.

Em 1989, D. Álvaro esteve na Suécia pouco antes da visita do Santo Padre e, numa tertúlia com membros da Obra, cooperadores e amigos, exortou-os a «levar muitos católicos à Confissão, para que possam entender melhor a mensagem do Papa. "Mas", podeis dizer, "aqui quase ninguém se confessa". Pois tentai animá-los, sentindo-vos responsáveis pela sua salvação».

Quando por vezes o Papa era objeto de críticas e ataques, D. Álvaro tinha o cuidado de lhe manifestar o seu apoio pessoal e o de toda a Obra. Assim por exemplo, quando, em 1993, a encíclica *Veritatis Splendor*, sobre os princípios morais, foi recebida com críticas, D. Álvaro publicou vários artigos a explicar o seu conteúdo e animou os membros do Opus Dei a apoiarem o texto; além disso, escreveu ao Papa a agradecer-lhe a encíclica, e juntou à carta uma série de artigos positivos a seu respeito.

Encontros privados

Durante os longos anos deste pontificado, foi crescendo a amizade entre os dois homens, que se encontravam frequentemente em audiências formais e ainda mais em encontros informais. Quando saía de Roma, D. Álvaro tinha por hábito solicitar ao Papa a sua bênção para aquela viagem e para as pessoas com quem estaria. João Paulo II costumava convidá-lo para concelebrar e para tomar refeições no Vaticano; em 1989, por exemplo, convidou D. Álvaro para almoçar no dia do aniversário de São Josemaria. Ao todo, ter-se-ão encontrado umas 48 vezes, para além daquelas em que D. Álvaro participou em cerimônias ou reuniões de grupo com o Papa. Não era raro João Paulo II felicitar D. Álvaro e mandar-lhe pequenos presentes no dia dos anos; e D. Álvaro costumava corresponder no dia do aniversário do Papa e noutras datas especiais da vida do Santo Padre.

* * *

Ainda assim, D. Álvaro nunca encarou os seus encontros com o Papa como uma coisa vulgar, e prestava atenção a tudo o que o Sumo Pontífice lhe dizia, incluindo as observações mais informais. Assim, por exemplo, no referido almoço ocorrido no dia do aniversário natalício de São Josemaria, João Paulo II referiu aquela injunção de Cristo: «Que vades e deis fruto» (Jo 15, 16), aplicando-a especificamente ao Opus Dei. D. Álvaro apressou-se a escrever aos seus filhos: «Trata-se de uma indicação de Cristo aos apóstolos e a todos os cristãos, mas o Papa dirige-a especificamente a nós. Ir significa mexermo-nos, sairmos do nosso egoísmo, darmo-nos aos outros, indo à procura das almas e fazendo apostolado. Deste modo, cumpriremos a indicação de Cristo que voltou hoje a soar aos meus ouvidos, proferida pelo seu Vigário na terra».

No final de um desses encontros, depois de ter sido ordenado bispo, D. Álvaro pediu a João Paulo II que pusesse o seu anel de bispo por momentos no dedo; o Papa assim fez, após o que devolveu o anel ao dono. D. Álvaro comentou: «Este anel ajuda-me muito a ter consciência da presença de Deus, porque é um símbolo da minha união com o Opus Dei. Significa que sou um escravo, um servo da Obra, por amor à Igreja e ao Papa. Mas agora que Vossa Santidade o usou, também me vai ajudar muito a ter consciência da presença do Papa». Posteriormente, diria a um grupo de membros da Obra: «Antes, rezava constantemente por ele, mas agora esse constantemente multiplicou-se muitas vezes».

O atentado contra o Papa

O atentado que o Papa sofreu a 13 de maio de 1981 foi um golpe terrível para D. Álvaro; nessa mesma tarde, deslocou-se ao hospital, embora soubesse que não poderia ver o Papa, e pediu a todos os membros da Obra que oferecessem a Missa, a Comunhão e pequenas mortificações pelo Santo Padre. A 19 de maio, escreveria ao vice-secretário de Estado: «Nestes dias, no meio da dor que sentimos na alma, a única coisa que fazemos é rezar e rezar continuamente a Nosso Senhor e à Santíssima Virgem pelo nosso bem-amado Santo Padre [...], a pessoa que mais amamos na Terra».

Enquanto o Papa se encontrava hospitalizado, D. Álvaro fez o possível por se deslocar todos os dias a São Pedro para rezar por ele; rezava os mistérios gozosos do «Rosário» no caminho de ida, fazia uma breve paragem na praça para recitar o «Credo», com os olhos postos nos aposentos do Santo Padre, rezava os mistérios dolorosos no caminho de regresso e os mistérios gloriosos já em casa.

Depois de ter começado a recuperar, João Paulo II sofreu uma recaída e teve de ser novamente hospitalizado em junho; nessa altura, D. Álvaro redobrou as suas orações. A 15 de junho, teve oportunidade de visitar o Papa e comentou com ele que os seus sofrimentos — João Paulo II estava nessa altura com muita febre — eram uma carícia de Nossa Senhora, porque o aproximavam mais de Deus; se a doença é um tesouro, acrescentou, a doença do Papa produzirá tesouros ainda maiores para ele e para a Igreja. «É exatamente o que eu penso», retorquiu João Paulo II.

Outra indicação da proximidade entre os dois teve lugar certo dia em que D. Álvaro estava a almoçar com o Papa, e João Paulo II lhe perguntou: «Alguma vez viu o demônio?». «Não, Santo Padre, mas toco-o todos os dias», respondeu D. Álvaro, ao que o Santo Padre replicou: «Acontece-me a mesma coisa».

Esta amizade também conheceu momentos mais ligeiros. Em certa ocasião, D. Álvaro contou a João Paulo II que São Josemaria costumava andar pelas ruas enrolado na sua capa a rezar o «Terço», e imaginava que o rezava com o Papa. O Santo Padre perguntou-lhe: «E o seu sucessor faz a mesma coisa?». «O seu sucessor faz a mesma coisa, mas sem a capa», respondeu D. Álvaro. Noutra ocasião em que a Madre Teresa de Calcutá se encontrava com eles, o Papa perguntou-lhes: «Porque será que a imprensa diz sempre tão bem da Madre Teresa, mas diz mal do Opus Dei e de mim?».

Em julho de 1992, João Paulo II foi novamente hospitalizado por causa de um tumor nos intestinos, que afinal era benigno. D. Álvaro soube disto quando estava a chegar à Espanha, vindo da Suíça, e, embora estivesse esgotado da viagem e com pouca saúde, decidiu regressar imediatamente a Roma, explicando que um filho devia estar perto do pai quando este estava doente. Ao chegar ao aeroporto, um membro da Obra apercebeu-se de que D. Álvaro estava muito cansado e urgiu-o a cuidar de si; ao que o prelado da Obra respondeu: «É verdade que estou muito cansado, meu filho. Mas cumprimos o nosso dever».

Correspondência aos desejos do Papa

Ao longo dos anos em que governou o Opus Dei, D. Álvaro mostrou-se sempre desejoso de corresponder à vontade do Santo Padre, quer ela implicasse a Igreja no seu todo, quer dissesse respeito especificamente ao Opus Dei. O prelado da Obra tinha grande vontade de que o Opus Dei começasse a trabalhar no Extremo Oriente e, assim que possível, na China; quando, porém, o referiu a João Paulo II, o Papa comentou com ele que estava muito preocupado com a Escandinávia, pelo que D. Álvaro começou a centrar as suas atenções nessa parte do globo. Assim, alguns dias depois, na carta de Boas Festas que enviou aos membros da Obra, pediu-lhes que rezassem especialmente pelo futuro apostolado da Obra nesses países; e, pouco depois, fez uma viagem à Noruega, à Finlândia, à Suécia e à Dinamarca, para analisar as hipóteses de trabalho e rezar pelas futuras atividades da Obra na Escandinávia. D. Álvaro sabia perfeitamente que o Opus Dei teria enorme dificuldade em lançar raízes em países onde a percentagem de católicos era tão reduzida, mas o pedido do Papa prevalecia, de longe, sobre os obstáculos. Quando se abriram os primeiros centros nos países nórdicos, seguiu de perto o seu desenvolvimento e apoiou pessoalmente os seus filhos, deslocando-se várias vezes a esses países, mesmo em pleno inverno, para os incentivar.

Essas iniciativas no Norte da Europa foram um dos aspectos da correspondência do Opus Dei ao apelo de João Paulo II no sentido de uma nova evangelização da Europa e da América do Norte. Quando o Papa solicitou a colaboração do Opus Dei para esse efeito, D. Álvaro pediu imediatamente aos membros do governo central da Obra que rezassem por essa intenção; e, em dezembro de 1985, escreveu uma longa carta pastoral em que urgia os membros e os cooperadores da Obra a levarem muito a sério a vontade do Santo Padre e a redobrarem as suas atividades apostólicas. Pela sua parte, fez repetidas viagens por toda a Europa, com o objetivo de estimular o apostolado dos membros da Obra; e organizou dois encontros de uma semana em Roma e mais dois na Espanha, com o objetivo de planejar o novo impulso apostólico a promover na Europa e na América.

Em 1994, pouco antes de morrer, D. Álvaro soube que João Paulo II gostaria que o Opus Dei começasse a trabalhar no Cazaquistão, um país longínquo da Ásia Central, com uma maioria de muçulmanos, onde os católicos constituem menos de 2% da população. É pouco provável que D. Álvaro ou qualquer um dos seus colaboradores tivessem pensado em dar início ao trabalho do Opus Dei naquele país; porém, ao saber do interesse do Papa, mandou estudar a melhor maneira de avançarem o mais depressa possível para lá.

D. Álvaro tinha perfeita consciência de que a sua indefectível fidelidade ao Papa seria criticada nalguns círculos, mas essa possibilidade não o afetava. Certa vez comentou: «Talvez haja quem diga que isto é culto ao Papa. [...] Não nos importamos que o digam. Orgulhamo-nos de saber que somos filhos de Deus e também filhos do Papa, dado que ele é o pai comum de todos os cristãos».

CAPÍTULO 19

À procura de um porto seguro

Uma das principais responsabilidades de D. Álvaro quando assumiu o governo do Opus Dei era levar a bom porto a missão de obter um estatuto jurídico satisfatório para a Obra. Mas receou que, se solicitasse imediatamente a alteração desse estatuto, a sua atitude fosse interpretada por aqueles que desconheciam o empenho de São Josemaria nesta matéria como uma tentativa por parte do seu sucessor de fazer alterações abusivas na estrutura da Obra. Por isso, na primeira audiência que teve com Paulo VI, observou ao Santo Padre que lhe parecia mais prudente deixar passar algum tempo antes de tomar qualquer iniciativa, e o Papa achou o mesmo; posteriormente, numa audiência de junho de 1978, o Sumo Pontífice sugeriu-lhe que avançasse, e D. Álvaro concordou que já era uma boa altura para isso. Contudo, antes de lhe ter sido possível apresentar uma solicitação formal nesse sentido, o Papa Paulo VI faleceu.

Os primeiros passos

A morte do Papa que acabava de o incentivar a avançar foi indubitavelmente um contratempo, mas a eleição do cardeal Luciani, o Papa João Paulo I, foi motivo de esperança. Poucos dias após a sua eleição, como vimos, o novo Pontífice comunicou oficiosamente a D. Álvaro o seu desejo de chegar rapidamente a uma solução para a questão do estatuto jurídico do Opus Dei; e ordenou à Congregação para os Religiosos e os Institutos Seculares que começasse a estudar o assunto sem demora. D. Álvaro rezou e pediu orações aos membros da Obra.

A morte inesperada de João Paulo I foi outro golpe, mas D. Álvaro reagiu a mais esse contratempo com uma jaculatória que tinha aprendido com São Josemaria: «*Omnia in bonum*» («Tudo contribui para o bem»), que é uma versão condensada de uma exortação de São Paulo aos cristãos de Roma: «Tudo contribui para o bem daqueles que amam a Deus» (Rm 8, 28).

A eleição do cardeal Wojtyla voltou a dar-lhe um novo ânimo; com efeito, poucas semanas depois, o secretário de Estado comunicava a D. Álvaro que o Santo Padre considerava que «a resolução da questão do estatuto jurídico do Opus Dei é uma necessidade que não pode ser adiada». Parecia que a tão procurada solução jurídica estava iminente, mas a verdade é que decorreriam ainda quatro longos anos de desilusões, oração, mortificação e trabalho antes de ela se efetivar.

Contratempos

Como preparação para o quinquagésimo aniversário do começo do trabalho do Opus Dei com mulheres, D. Álvaro instituiu um novo ano mariano na Obra. Quando se encontrava em Roma, deslocava-se todos os dias a uma igreja dedicada a Nossa Senhora, onde rezava o «Terço»; e, quando andava em viagem, esforçava-se por visitar santuários e igrejas dedicadas à Santíssima Virgem. Pode-se dizer que visitou, literalmente, centenas deles. Além disso, solicitava repetidamente aos membros da Obra que rezassem e oferecessem sacrifícios por esta intenção.

No começo de janeiro de 1979, D. Álvaro solicitou à Congregação para os Religiosos e os Institutos Seculares autorização para contatar outros órgãos da Santa Sé, nomeadamente a Congregação para os Bispos, solicitando a alteração do estatuto jurídico do Opus Dei. Tendo recebido a correspondente autorização, procedeu à apresentação da solicitação formal. Em junho, porém, os cardeais que constituíam a Congregação para os Bispos decidiram que a alteração não se justificava. Tecnicamente, esta decisão era um *dilata*, ou seja, um adiamento *sine die* da questão; mas D. Álvaro não se deixou desencorajar e, a 13 de julho, escreveu a São João Paulo II sugerindo que esse *dilata* não fosse entendido como uma indicação para deixar de trabalhar no projeto, mas como um convite para o Opus Dei continuar a estudar e a preparar os seus estatutos.

Continuou, portanto, a trabalhar diligentemente com vista ao novo estatuto jurídico da Obra. O sucessor de D. Álvaro, D. Javier Echevarria, esclarece que esse trabalho consistia em «entrevistas, viagens a diversos países, esclarecimento de questões mais difíceis às pessoas que tinham de estudar a matéria, sem contudo interferir nas suas decisões; e sobretudo muita oração e muita expiação, tudo feito com uma alegria constante». E D. Javier acrescenta que aquelas pessoas com quem D. Álvaro se relacionava «tinham a percepção não apenas da sua amabilidade e simplicidade, mas também da fortaleza de uma pessoa que propõe um projeto cujo único objetivo é dar glória a Deus e servir a Igreja».

Pouco depois, conseguiria convencer a congregação de que era necessário proceder a novos estudos; mais ainda: transformou o prefeito da congregação, o cardeal Baggio, e o arcebispo de Viena, o cardeal König, em grandes apoiantes da sua proposta. O cardeal König escreveria mais tarde: «A princípio, achei que se tratava de um simples capricho, que não havia necessidade nenhuma de abrir um novo caminho jurídico na Igreja. Mas, graças às suas explicações, percebi que o Opus Dei era efetivamente um fenômeno novo, que tinha necessidade de um novo estatuto jurídico, e tornei-me um defensor das pretensões de D. Álvaro junto dos meus colegas cardeais».

Novas dificuldades

Mal recomeçaram os estudos do Vaticano, surgiu uma nova dificuldade, que o vice-secretário da congregação classificou como «diabólica»: alguém roubou alguns documentos e enviou aos bispos e aos jornais de todo o mundo uma descrição parcial e tendenciosa da pretensão do Opus Dei, tirando frases do contexto e montando-as por forma a criar uma imagem falsa. Dava a impressão de que a Obra queria fugir ao controle dos bispos diocesanos, e mesmo impor-se-lhes, transformando-se numa «diocese universal», uma espécie de «pequena Igreja dentro da Igreja».

A Congregação para os Bispos enviou uma nota aos núncios apostólicos de todos os países onde o Opus Dei tinha presença institucional, lamentando o que tinha acontecido e esclarecendo as coisas. D. Álvaro reagiu serena mas energicamente, visitando os membros da hierarquia da Igreja e instruindo os diretores do Opus Dei em todo o mundo sobre as explicações a dar aos bispos que eventualmente se tivessem deixado enganar pela missiva; mas, sobretudo, rezou e pediu orações. Um dos seus colaboradores mais próximos recorda assim a análise que fez da situação: «Sempre que se faz alguma coisa nesta matéria, o demônio fica furioso e tenta impedi-la, mas nós já estávamos preparados para isso e tivemos de continuar para a frente, rezando e rezando». Seguindo o exemplo de São Josemaria, rezava também pelos responsáveis por estes acontecimentos: «Quando alguém nos maltrata», explicava, «conto essa pessoa entre os nossos benfeitores».

Novos estudos

A despeito desta tentativa de fazer descarrilar o processo, em novembro, e por sugestão de D. Álvaro, a Santa Sé criou uma comissão conjunta de três representantes do Vaticano e três representantes do Opus Dei para continuar a estudar o assunto. Ao longo de um ano, esta comissão reuniu-se 25 vezes e preparou um relatório de 600 páginas, que o prefeito da Congregação para os Bispos apresentou a João Paulo II a 4 de abril de 1981. O Papa prometeu responder a 16 de maio, mas a 13 de maio, festa de Nossa Senhora de Fátima, foi alvo de um atentado na Praça de São Pedro, e por pouco não morreu.

A recuperação do Papa não correu bem e, a 20 de junho, João Paulo II teve de ser novamente hospitalizado. Ainda no hospital, informou o prefeito da Congregação para os Bispos de que tinha revisto o relatório da comissão antes do atentado e queria que uma comissão especial de nível superior, constituída por oito cardeais, o estudasse.

Uma vez mais, houve um grupo de anônimos que roubou documentos à congregação e os usou para escrever um panfleto em inglês, atribuindo a sua autoria a «um membro do Opus Dei que trabalha no Vaticano». O panfleto, que foi enviado aos bispos de todo o mundo, repetia a acusação de que o Opus Dei queria ser «uma Igreja paralela». D. Álvaro pôs-se novamente, pacientemente, ao trabalho, explicando que nos estatutos que estavam a ser estudados pela comissão especial ficava muito claro que a transformação do Opus Dei em prelazia pessoal em nada alteraria a sua relação com os bispos.

Uma diretora do Opus Dei que trabalhava de perto com D. Álvaro nessa altura recorda que nem nessas dolorosas circunstâncias ele se mostrou «impaciente ou aborrecido com as causas ou as pessoas que suscitavam essas dificuldades. Pelo contrário, eram para ele um estímulo para se abandonar mais completamente nas mãos de Deus e para ajudar os outros fiéis da Obra a ver esses acontecimentos com muita visão sobrenatural, rezando e perdoando».

A quem lhe perguntou, por essa altura, como andava o processo, D. Álvaro deu uma resposta que reflete bem a sua atitude desde o princípio: «Vai andando muito bem, meu filho, porque o Senhor é o melhor dos pais e um bom Pai ouve sempre as petições dos seus filhos. Ele ouviu as nossas petições desde o primeiro momento. Mas o que vale muito custa muito. Se Deus às vezes quer adiar a concretização daquilo que já nos concedeu, fá-lo para reforçar a nossa fé, a nossa esperança e o nosso amor, para purificar a nossa humildade, para fortificar o nosso espírito. [...] Vai andando muito bem. Estamos a rezar muito. Se Nosso Senhor adia conceder-no-la, isso é muito bom, porque nos aproximamos mais d'Ele e estamos muito unidos. Entretanto, que esta petição unânime continue a chegar ao céu».

Também esta tempestade acabaria por passar. A 26 de setembro de 1981, a comissão de cardeais produziu um relatório favorável e, no começo de novembro, São João Paulo II comunicou ao prefeito da congregação que tinha decidido fazer do Opus Dei uma prelazia pessoal, depois de informar os bispos das dioceses onde a Obra trabalhava. Foram informados cerca de 2 mil bispos de 39 dioceses; cerca de 400 responderam nos seis meses seguintes, e apenas 38 levantaram objeções ou pediram esclarecimentos sobre algum ponto. Embora a prática corrente no Vaticano não fosse nesse sentido, João Paulo II pediu à congregação que respondesse a cada um deles, em missiva assinada pelo prefeito.

A aprovação

Finalmente, a 5 de agosto de 1982, o Santo Padre comunicou ao cardeal Baggio que tinha decidido avançar e, a 19 de agosto, o cardeal comunicou oficialmente a decisão do Papa a D. Álvaro. A única coisa que faltava era decidir uma data e preparar um comentário oficial para ser publicado em *L'Osservatore Romano*. D. Álvaro tinha a esperança de que a decisão fosse anunciada a 21 de agosto, festa de São Pio X, o intercessor do Opus Dei para as relações com a Santa Sé, mas esse dia passou sem que se fizesse qualquer anúncio. Mas foram tantos os acontecimentos relevantes para a Obra que tiveram lugar em festas da Santíssima Virgem que D. Álvaro esperava, cheio de confiança, que o anúncio fosse feito no dia seguinte, festa de Nossa Senhora Rainha; também esse dia passou sem que houvesse qualquer anúncio. Os colaboradores de D. Álvaro começaram a ficar preocupados, mas ele permaneceu sereno; finalmente, a 23, o Vaticano fez o anúncio oficial.

Uma pessoa que trabalhava com D. Álvaro comentou com ele que era estranho que o anúncio não tivesse sido feito em nenhum dos dias anteriores, que eram dias de festa, mas num «dia qualquer»; ao que D. Álvaro respondeu: «Não, meu filho, este não é um dia qualquer! É o aniversário da locução divina ao nosso Padre! Isto é a grande misericórdia de Deus de que estávamos à espera». Com efeito, 11 anos antes, a 23 de agosto de 1971, São Josemaria tinha ouvido na sua alma: «*Adeamus cum fiducia ad thronum gloriae, ut misericordiam consequamur*» («Vamos com confiança ao trono da glória, para alcançarmos misericórdia»). Trata-se de uma citação da Epístola aos Hebreus (4, 16), com a diferença de que o texto original refere «trono da graça», e não «trono da glória». São Josemaria considerou que o trono de glória era Nossa Senhora — que tinha efetivamente correspondido a tantos anos de oração confiante.

Ainda nessa altura, houve outro atraso: quando anunciou a decisão do Papa, a Santa Sé declarou que a publicação oficial do documento seria adiada «por motivos técnicos». D. Álvaro não se deixou perturbar por isso; pelo contrário, a 29 de setembro escrevia a um funcionário do Vaticano que essa derradeira reviravolta era «o grão de sal que dá sabor; é a Santa Cruz».

O outono de 1982 viu nascer uma nova campanha de calúnias contra o Opus Dei, possivelmente numa tentativa de reverter a decisão do Papa. O objetivo dessa campanha era relacionar a Obra com dois escândalos que na altura ocupavam as primeiras páginas da imprensa italiana: o escândalo da P2, uma Loja Maçônica secreta que tinha perdido o seu alvará vários anos antes mas continuava a operar, sendo acusada de envolvimento em vários crimes; e o assassínio de Roberto Calvi, o presidente de um importante banco que fora encontrado morto depois de o banco ter ido à falência. Embora não tivessem nenhum fundamento na realidade, as alegações de envolvimento do Opus Dei nesses dois escândalos foram amplamente repetidas na imprensa. «É evidente», comentou D. Álvaro na altura, «que o demônio quer agitar as águas».

Por isso, pediu ainda mais orações. «Estamos nos últimos centímetros de uma corrida de 100 metros», comentou a um grupo de filhas suas. A 18 de novembro, deu início a uma novena de visitas a santuários e igrejas dedicados a Nossa Senhora, a pedir que fosse dado o último passo que transformaria o Opus Dei em prelazia pessoal; e se no final dessa novena ainda não tivesse sido dado o último passo, observou, «será sinal de que temos de continuar a rezar *fiat voluntas tua* ["seja feita a vossa vontade"] (Mt 6, 10). Continuaremos a rezar e a dizer: "Que bom é Deus, que nos faz rezar ainda mais!"». Finalmente, a 26 de novembro, o cardeal Baggio comunicou a D. Álvaro que o Papa tinha criado a Prelazia Pessoal do Opus Dei e o tinha nomeado prelado. O anúncio oficial foi feito no dia seguinte e publicado em *L'Osservatore Romano* a 28 de novembro.

Os últimos passos

Numa longa carta que escreveu aos membros da Obra com data de 28 de novembro de 1982, D. Álvaro salientou que a ereção do Opus Dei em prelazia pessoal traria muitos benefícios, nomeadamente o reforço da unidade da Obra, a reafirmação da sua secularidade e uma maior facilidade no trabalho apostólico. Na verdade, observava, o longo e difícil processo que conduzira a essa ereção tinha sido também um grande bem: «A Obra, "firme, compacta e segura", fortemente unida ao nosso Padre na mesma intenção, rezou, sofreu, esperou, trabalhou. E isto foi um bem imenso para o Opus Dei e para toda a Igreja, porque a única coisa que nos move é o espírito de serviço a esta Mãe boa». Tal como tudo o que acontecia no Opus Dei, escrevia D. Álvaro, esses anos de esperança e de sofrimento tinham sido «permitidos por Deus para que nós possamos ser bons filhos seus».

Passou em seguida a especificar com mais detalhe os benefícios que o Opus Dei retirara desse processo tão penoso: «Aprendemos a trabalhar com olhos postos só em Deus, sem esperança de recompensa na Terra. Aprendemos a amar aqueles que por qualquer razão não compreenderam, ou não quiseram compreender o nosso caminho. Aprendemos a ter paciência e a perdoar rapidamente quando algumas pessoas — movidas pelo demônio ou sinceramente equivocadas — empreenderam tenazes campanhas de calúnias contra nós. Nosso Senhor confirmou-nos num grande amor por todos aqueles que trabalham para Ele, compreendendo e apreciando verdadeiramente a generosidade e o espírito de sacrifício de tantas almas boas — sacerdotes, religiosos e leigos — que servem a Igreja. Quantas horas passou o nosso Padre a rezar pelo Romano Pontífice e que "injeção de romanidade" deu a toda a Obra! Sentimos a urgência e o dever de rezar com mais intensidade por todos os bispos, e entregámo-nos, com um maior desejo de unidade, ao serviço das dioceses onde trabalhamos».

Em coerência com o seu espírito generoso, a oração dos fiéis da Missa Solene de Ação de Graças que D. Álvaro celebrou incluiu uma petição «por todos os nossos benfeitores, e por todos quantos, de uma forma ou de outra, tentaram impedir ou dificultar o caminho do Opus Dei, para que, à imitação do nosso Padre, não só lhes perdoemos de todo o coração, como os olhemos também como benfeitores»; e a resposta foi: «Que o Senhor, que é rico em misericórdia, os encha de verdadeiros bens nesta vida e lhes conceda a glória celeste».

Para expressar a gratidão do Opus Dei a Deus e à Santíssima Virgem, D. Álvaro instituiu um ano de ação de graças na Obra; para além disso, expressou da seguinte maneira o seu agradecimento ao Papa João Paulo II: «Obrigado, Santo Padre, porque desta maneira tornastes mais seguro o nosso caminho de santidade e o nosso serviço à Igreja Universal e às Igrejas locais e seus pastores. Procuraremos pagar esta dívida de gratidão com uma oração mais abundante por Vossa Santidade. E, ao longo dos tempos, as almas que o Senhor enviar ao seu Opus Dei farão o mesmo». Depois deslocou-se a Viena, a Colônia e à Suíça, para agradecer aos cardeais König e Höffner e ao bispo Deskur o papel que tinham desempenhado em todo este processo.

Faltava apenas um passo: a publicação da bula pontifícia, o documento formal correspondente à ereção. Nessa altura, surgiu outra potencial dificuldade: alguns canonistas sugeriram que, à luz do novo Código de Direito Canônico, publicado em janeiro de 1983, os fiéis leigos das prelazias não eram membros efetivos das mesmas; se esta interpretação tivesse prevalecido, teria posto em causa toda a estrutura do Opus Dei. D. Álvaro escreveu ao vice-secretário de Estado, observando que a publicação de «uma bula com expressões imprecisas» o obrigaria a «pedir ao Santo Padre que a retificasse», o que prejudicaria a autoridade do Papa.

O texto final da bula, manuscrito em pergaminho, ficou concluído no início de março, e não continha nenhuma das «expressões imprecisas» que D. Álvaro receara; este documento foi publicado a 19 de março de 1983, em cerimónia solene, levando à sua conclusão um processo de várias décadas com o objetivo de encontrar um enquadramento jurídico adequado ao Opus Dei. São Josemaria tinha dado início a esse processo e confiara-o a D. Álvaro — cuja oração, sacrifício, fortaleza e inabalável confiança em Deus e na Santíssima Virgem o tinham levado a bom porto.

Alguns anos mais tarde, foi criada uma medalha comemorativa deste acontecimento. D. Álvaro começou por recusar o projeto da medalha, em que o seu perfil aparecia ao lado do do fundador; mas D. Javier Echevarría conseguiu convencê-lo, com o argumento de que era uma maneira de sublinhar a continuidade. «Embora me faça corar», dizia D. Álvaro, «decidi que, uma vez que a figura menos importante é eclipsada pela mais importante, podia ficar assim».

Prelado e bispo

Uma prelazia pessoal não é uma diocese, mas é uma parte da estrutura hierárquica da Igreja, e o papel do prelado é, em muitos aspectos, semelhante ao de um bispo diocesano. Pouco depois da transformação do Opus Dei em prelazia pessoal, o mestre-de-cerimônias do Papa explicou a D. Álvaro que, quando participasse em cerimônias litúrgicas no Vaticano, devia usar um anel e uma cruz peitoral como os dos bispos; começou então a circular o boato de que ele seria em breve ordenado bispo.

Quando este boato lhe chegou aos ouvidos, D. Álvaro solicitou uma audiência ao Santo Padre, e fez-lhe ver que durante muitos anos tinha pedido orações e sacrifícios a muita gente para que Deus concedesse ao Opus Dei o estatuto jurídico mais adequado. «Se agora for ordenado bispo, o demônio poderá levar algumas pessoas a pensar que andei a pedir tantas orações para ser bispo. Isto não é verdade, e não quero escandalizar ninguém. Por isso, Santo Padre, não posso aceitar». E acrescentou que, se a Santa Sé considerasse essencial que o prelado fosse bispo, ele se afastaria do cargo. João Paulo II compreendeu esta dificuldade de D. Álvaro e disse-lhe que não se preocupasse.

Embora houvesse muitas e fortes razões para o prelado do Opus Dei ser bispo, e D. Álvaro rezasse para que o seu sucessor viesse efetivamente a sê-lo, continuava a achar que ele próprio não devia ser ordenado para o episcopado. Contudo, no final de 1990, comunicaram-lhe que o Santo Padre queria ordená-lo e pedia-lhe que aceitasse. O vigário geral fez-lhe notar que não se tratava de uma promoção pessoal, mas de uma realidade que tornaria a prelazia mais eficaz no serviço a Deus; e que o primeiro prelado ser bispo facilitaria que os seus sucessores o fossem. Assim sendo, D. Álvaro escreveu ao Santo Padre, aceitando a nomeação.

Quando comunicou aos membros da Obra que viviam em Villa Tevere que ia ser ordenado bispo, falou como se se tratasse de uma coisa que ia acontecer a outra pessoa: «O prelado vai receber a plenitude do sacramento da Ordem. Haverá uma nova efusão do Espírito Santo sobre a cabeça da Obra e, devido à comunhão dos santos, de certa maneira sobre todo o Opus Dei, que levará a Obra para a frente em todo o mundo; será um grande dom de Deus, porque deste modo o prelado passará a fazer parte do colégio dos bispos e será um sucessor dos apóstolos».

D. Álvaro foi ordenado bispo, juntamente com outros 11 sacerdotes, a 6 de janeiro de 1991, por São João Paulo II, na Basílica de São Pedro. Enquanto se encontrava prostrado no chão durante a ladainha dos santos, pensou: «Somos pobres vermes, pobres pecadores. Mas vai descer sobre nós uma efusão do Espírito Santo, que nos dará a fortaleza necessária para sermos sucessores dos apóstolos». E rezou insistentemente: «Que sejamos fiéis, que sejamos fiéis». No dia seguinte, na homilia que pregou na Missa Solene, repetiu a mesma ideia: «A única coisa que vale a pena é vivermos uma vida coerente quando respondemos que sim a Nosso Senhor. Decidamo-nos a ser fiéis».

CAPÍTULO 20

Beatificação do fundador

Tendo vivido tantos anos ao lado de São Josemaria, D. Álvaro estava plenamente convencido da santidade do fundador, e esta convicção foi-se acentuando à medida que foi lendo as muitas cartas que foram chegando a Roma após a sua morte, em que pessoas de todo o mundo repetiam vezes sem conta que estavam certas de que ele tinha sido um grande santo.

Os primeiros passos

De acordo com as regras que na altura eram aplicadas, só se podia introduzir uma causa de beatificação cinco anos após a morte da pessoa, mas entretanto havia muito a fazer. D. Álvaro mandou imprimir estampas com uma fotografia do fundador, um breve resumo biográfico e uma oração para a devoção privada; essas estampas foram traduzidas em muitas línguas e distribuídas por todo o mundo. D. Álvaro insistia na importância de se registarem os favores que fossem atribuídos à intercessão de São Josemaria e começou rapidamente a chegar a Roma uma sucessão interminável de testemunhos; muitos referiam ocorrências pequenas, mais ou menos banais, mas havia uns quantos que eram verdadeiramente notáveis e alguns narravam acontecimentos nitidamente milagrosos.

D. Álvaro constituiu uma equipe, chefiada pelo padre Flavio Capucci, um sacerdote italiano do Opus Dei que viria depois a ser nomeado postulador, a quem encarregou de recolher e organizar toda a documentação para um futuro processo de beatificação, incluindo as obras publicadas e inéditas do fundador, bem como a sua correspondência, notas que outros tivessem tirado da sua pregação e coisas ditas em tertúlias e noutras ocasiões, testemunhos sobre a sua vida e memórias escritas de pessoas que o tivessem conhecido. Tornou-se óbvio, desde o princípio, que se trataria de uma tarefa ingente, mas só o tempo mostraria que era realmente gigantesca.

Com base na legislação que à época regia os processos de beatificação, era necessário que um certo número de bispos e outros membros da hierarquia da Igreja solicitassem à Santa Sé a abertura de uma causa. Muitos cardeais e bispos, bem como todo o tipo de pessoas que tinham conhecido o fundador ou conheciam os seus escritos, escreveram espontaneamente ao Papa a solicitar a sua canonização; mas D. Álvaro pediu aos membros da Obra que sugerissem a outros que o fizessem também. Assim, por exemplo, pediu ao padre José Luis Múzquiz, um dos três primeiros sacerdotes do Opus Dei, que fosse visitar os bispos da Serra Leoa, da Libéria, da Costa do Marfim, de Gana e do Alto Volta (atual Burkina Faso), falando-lhes do fundador e sugerindo-lhes que escrevessem à Santa Sé[1].

A abertura da causa

Em 1980, o Opus Dei solicitou oficialmente à Congregação para as Causas dos Santos que abrisse a causa

[1] A Santa Sé acabaria por receber cartas de 69 cardeais, 241 arcebispos, 987 bispos e 41 superiores gerais de ordens religiosas, bem como de Chefes de Estado e de Governo, de importantes figuras do mundo da cultura, das artes, das ciências e da finança, e de muitas pessoas comuns.

de beatificação e canonização de São Josemaria. E, embora fosse costume celebrar este gênero de evento com uma Missa Solene e comunicações à imprensa, D. Álvaro considerou que era mais condizente com o espírito de humildade pessoal e coletiva do Opus Dei não o fazer; preferiu «dar graças a Deus, porque é uma coisa muito boa para a Igreja e para a Obra, e calar».

A primeira fase de um processo de beatificação e canonização consiste em recolher testemunhos, essencialmente de pessoas que conheceram o candidato a beato. Como o fundador tinha vivido uma grande parte da sua vida na Espanha e depois três décadas em Roma, foram constituídos dois tribunais para recolher testemunhos, um em Roma e outro em Madri. Foram chamadas a depor 92 testemunhas, mais de metade das quais não pertenciam à Obra, num total de quase mil sessões nos dois tribunais. Tendo em consideração a quantidade de informação que D. Álvaro tinha para dar, o tribunal romano decidiu receber o seu testemunho por escrito; foram mais de 2 mil páginas. A transcrição das declarações das outras testemunhas ascendeu a quase 11 mil páginas; os documentos provenientes de 390 arquivos, públicos e privados, preencheram 16 volumes; e os escritos do fundador, juntamente com transcrições da sua pregação e outras declarações, ocuparam 13 mil páginas.

A fase de recolha de informação terminou em novembro de 1986. Nessa altura, a Santa Sé designou um sacerdote dominicano para, em conjunto com o postulador, preparar um relatório exaustivo sobre a vida e as virtudes do fundador. Devido à enorme quantidade de material que tinha sido recolhido, D. Álvaro constituiu uma equipe de teólogos, canonistas, historiadores e informáticos para ajudarem à redação do relatório oficial, a chamada *positio*;

seguiu de perto o trabalho desta equipe, e foi colocando prazos exigentes nas diversas fases desta tarefa. Em junho de 1988, a *positio* — um documento com 6000 páginas — estava pronta. O cardeal Palazinni, que era na altura o prefeito da Sagrada Congregação para as Causas dos Santos, declarou que se tratava de um produto «de metodologia crítica extraordinariamente rigorosa», acrescentando que não conhecia nenhum documento do mesmo gênero «tão completo, exaustivo e analítico como este»; e bem podia ter acrescentado que se tratava de um reflexo do cuidado e do interesse de D. Álvaro, bem como da exigência que imprimiu em todos os implicados no projeto.

Depois de estudar a *positio*, a Congregação para as Causas dos Santos publicou um decreto em que declarava que o fundador do Opus Dei tinha vivido as virtudes em grau heroico. D. Álvaro ficou muito satisfeito mas, quando informou disso os membros da Obra, salientou que esta declaração «não deve nunca servir de motivo de vaidade. Pelo contrário, deve dar-nos um maior sentido de responsabilidade». Em julho de 1991, num decreto aprovado pelo Papa, a Santa Sé certificou que tinha havido um milagre obtido por intercessão do fundador[2].

A beatificação

Alguns meses depois, o Santo Padre anunciou que a cerimónia de beatificação teria lugar a 17 de maio de

2 Tratava-se da cura de um cirurgião ortopédico espanhol que sofria de um grave caso de dermatite radiológica crônica, resultante da prolongada exposição aos raios X enquanto operava. A doença, que não tem cura e da qual não são conhecidos casos de remissão espontânea, tinha avançado de tal maneira que esse cirurgião já não conseguia operar. O homem ficou totalmente curado duas semanas depois de começar a rezar ao fundador.

1992. Como forma de preparar a Obra para esse evento, D. Álvaro proclamou um novo ano mariano, para ajudar as suas filhas e os seus filhos a «viver a beatificação do nosso Padre pela mão de Santa Maria, com desejo de renovação e [...] conversão pessoal». Nos meses que se seguiram, repetiu várias vezes este tema. Em março, escreveu uma carta pastoral de 100 páginas, sob a forma de comentários aos mistérios do «Rosário», enunciando um pormenorizado programa de fidelidade à vocação; e, menos de um mês antes da cerimônia, escrevia: «Neste *sprint* final, peço-vos que façais um esforço ainda maior no trato com Nossa Senhora, tentando passar as próximas duas semanas pela mão de Santa Maria e de São José». Foi uma receita que ele próprio seguiu, tendo comentado numa tertúlia: «Impressiona-me ter conhecido tão de perto uma pessoa que está a caminho dos altares».

D. Álvaro deu muita atenção à organização do evento. Para conseguir que as pessoas acompanhassem os cânticos durante a Missa na Praça de São Pedro, mandou gravá-los e enviou-os aos centros do Opus Dei de todo o mundo; por outro lado, ciente de que a maioria dos participantes ficaria longe do altar, em zonas sem sombras nem lugares sentados, sugeriu que as pessoas levassem bancos portáteis, binóculos e sombrinhas para se protegerem do implacável sol de Roma.

* * *

Os meses que antecederam a beatificação foram um período de grande alegria para D. Álvaro, mas foi uma alegria misturada com dor. Um grupo de eclesiásticos, poucos mas muito ativos, criticou a decisão do Papa e acusou o Opus Dei de ter manipulado a causa de beatificação do fundador. A *Newsweek* e outras revistas deram voz a estas críticas[3]. D. Álvaro reagiu com as suas habituais paz e calma, tomando medidas para esclarecer o sucedido, ao mesmo tempo que evitava polemizar e criticar os autores da campanha. Em carta ao vigário do Opus Dei na Espanha, onde os ataques tinham sido especialmente virulentos, escreveu: «Estai alegres e serenos. Vivei *in laetitia* [«em alegria»], com a pequena cruz que temos agora de carregar. [...] Estamos a receber mais uma prova, se tal fosse necessário, da santidade do nosso Padre». E quando o postulador da causa lhe comunicou que um antigo religioso que fora um dos responsáveis pela campanha tinha morrido, D. Álvaro perguntou-lhe: «Já rezaste pela sua alma?».

O dia da beatificação amanheceu esplêndido, cheio de sol. Uma enorme multidão — de membros da Obra, cooperadores e amigos, bem como de admiradores da irmã Josefina Bakhita, que foi beatificada no mesmo dia[4] — encheu a Praça de São Pedro, transbordando para a Via della Conciliazione, que vai dar ao Tibre. Estavam presentes 35 cardeais e mais de 200 arcebispos e bispos; cerca de 30 países enviaram representantes oficiais à cerimônia.

---

3 Os críticos mostravam-se especialmente desagradados com a rapidez com que a causa tinha avançado. É certo que o processo avançou rapidamente, mas isso ficou a dever-se às alterações que João Paulo II tinha introduzido nos procedimentos, precisamente com o objetivo de acelerar as causas de beatificação e canonização, a fim de apresentar ao mundo modelos mais contemporâneos de santidade.

4 Josefina Bakhita nasceu no Sudão em 1869. Foi raptada e vendida como escrava, sendo repetidamente espancada e maltratada. Acabou por ser comprada pelo cônsul italiano de Cartum, que a levou consigo no seu regresso a Itália; foi batizada em 1890 e entrou para um convento em 1893. Passou o resto da sua vida num convento de uma pequena cidade da província de Veneza, trabalhando como cozinheira, costureira e porteira, e tornou-se famosa pelas suas amabilidade e simpatia. Morreu em 1947.

Quando da beatificação, a diocese de Roma tinha como uma das suas grandes prioridades a construção de novas igrejas nas zonas limítrofes da cidade, que se tinham tornado muito populosas. Graças à generosidade de muitos membros e cooperadores da Obra, D. Álvaro pôde presentear o Santo Padre com o projeto de uma nova igreja, dedicada ao Beato Josemaria Escrivá.

No dia seguinte à beatificação, D. Álvaro celebrou uma Missa Solene de ação de graças na Praça de São Pedro; o local foi sugerido pelo Papa João Paulo II. Comentou D. Álvaro a um grupo de membros da Obra: «Não fui eu que lhe pedi. Essa ideia nunca me teria ocorrido sequer, nem qualquer membro da Obra tinha pensado numa coisa dessas, porque nunca se tinha feito. Mas ocorreu ao Papa».

No final da Missa, o Santo Padre circulou de carro pela praça, cumprimentando os fiéis ali reunidos. Quando João Paulo II se aproximava da entrada de São Pedro, a pé, D. Álvaro tentou genufletir e beijar-lhe a mão, mas o Santo Padre impediu-o de o fazer e deu-lhe um abraço. No final da cerimônia, João Paulo II citou palavras suas sobre a necessidade de «novos modelos de santidade e novos testemunhos de virtudes heroicas vividas nas circunstâncias correntes e ordinárias da existência humana» (*Christifideles Laici*, n.º 17), após o que apontou o Beato Josemaria Escrivá como exemplo de «heroísmo cristão no exercício das atividades humanas comuns». Durante os dois dias seguintes, foram concelebradas várias missas de ação de graças em muitas igrejas de Roma, em 13 línguas, por um total de 18 cardeais, 60 bispos e centenas de padres.

A beatificação do fundador constituiu uma solene confirmação, por parte da Igreja, de que o caminho aberto por Josemaria Escrivá é um caminho seguro de santidade. Para D. Álvaro, que tinha vivido tão perto do fundador durante os anos em que ele fora criticado e até acusado de ser um herege, foi uma ocasião de imensa alegria.

CAPÍTULO 21

Últimos dias

D. Álvaro celebrou os seus 80 anos a 11 de março de 1994. Em carta aos fiéis do Opus Dei, referindo-se a esse acontecimento, dizia para consigo que era «um pobre pedinte» e pedia-lhes: «Não me deixeis sem a caridade da vossa oração diária». Na homilia que fez na Missa desse dia, comentou: «Recebi tantos dons, são incontáveis, e tantas carícias de Nossa Senhora, minha Mãe. [...] Obrigado, Senhor!». E, recordando o lema do fundador, *nunc coepi* («agora começo»), prosseguiu: «Graças a Deus e à intercessão do nosso Padre, o fogo do amor arde com força no meu coração. Por essa razão, sinto-me muito jovem. [...] Ser jovem em anos é uma coisa simplesmente fisiológica, que não tem grande importância. O que realmente importa é a juventude interior que todas as filhas e os filhos de Deus no Opus Dei têm de ter sempre. É a juventude dos enamorados — daqueles que estão enamorados de Deus — que lutam por fazer com que o seu amor cresça mais e mais».

Peregrinação à Terra Santa

Embora desejasse há muito visitar a Terra Santa, nunca o tinha feito porque, seguindo o exemplo de São Josemaria, considerava que o espírito de pobreza lhe impunha que só viajasse por motivos apostólicos. Contudo, pouco antes do seu aniversário, os membros do Conselho Geral sugeriram que poderia ser útil D. Álvaro visitar o novo centro do Opus Dei que acabava de abrir em Jerusalém; assim, afastados os obstáculos, no dia dos seus 80 anos, o prelado anunciou que em breve faria uma peregrinação à Terra Santa. Deixando os pormenores da organização ao cuidado de outros, especificou apenas que queria visitar «o Lago de Genesaré, que Nosso Senhor atravessou tantas vezes, e remar nesse lago e fazer oração no lago».

A 14 de março, embarcou em Roma com destino a Israel, na companhia dos seus dois colaboradores mais próximos, D. Javier Echevarría e Joaquín Alonso. Embora nunca tivesse estado na Terra Santa, os locais que ia visitar eram-lhe extremamente familiares, dado que há 60 anos que lia diariamente o Novo Testamento, esforçando-se por se meter dentro das cenas do Evangelho e participar nos acontecimentos narrados pelos evangelistas.

A peregrinação foi fisicamente cansativa e houve momentos em que D. Álvaro se revelou fatigado e ofegante; mas também se mostrou imensamente contente por se encontrar naquela terra abençoada pela presença de Cristo. Ao chegar a Nazaré, observou: «Aqui torna-se mais fácil falar com Deus e considerar o amor de Deus por nós».

A peregrinação iniciou-se a 15 de março, na Basílica da Anunciação, em Nazaré, e terminou a 22 de março, com Missa na Igreja do Cenáculo, onde Cristo instituiu a Eucaristia. A 16 de março, D. Álvaro visitou o mar da Galileia, mas tiveram um problema com o carro, o que fez com que se atrasassem e já não pudessem fazer a oração da tarde no lago, como D. Álvaro queria; mas aceitou esse pequeno contratempo com o seu habitual bom humor. Quando lhe perguntaram se queria tentar outra vez no dia seguinte, respondeu: «Não, meu filho, era apenas um capricho». Fizeram a oração na margem do lago, perto da rocha que se diz ser aquela onde Nosso Senhor pousou os pães e os peixes quando da multiplicação.

A 17 de março, visitaram Caná, onde Jesus transformou a água em vinho, e o monte Tabor, onde Se transfigurou na presença de Pedro, Tiago e João. Nessa tarde, regressaram a Jerusalém e foram rezar ao Calvário e à Igreja do Santo Sepulcro. O Santo Sepulcro, recordaria depois D. Javier Echevarría, «é tão pequeno que só lá cabem seis pessoas. Entramos em fila e o Padre começou a rezar. A partir daquele momento, recolheu-se, a contemplar o muito que Deus fez por cada um de nós. Quando entramos no Santo Sepulcro, [...] vimos a pedra onde o corpo de Cristo foi depositado. [...] O Padre ajoelhou-se e esteve ali muito tempo, com as mãos, os braços e a cabeça em cima da pedra. Tivemos dificuldade em sair dali, porque se via que o Padre estava absorto em oração. [...] Estivemos bastante tempo lá dentro até que, pensando nas pessoas que estavam do lado de fora à espera de entrar, dissemos ao Padre que tínhamos de ir embora». No dia seguinte, D. Álvaro regressou à Igreja do Santo Sepulcro para celebrar Missa; e dedicou todo esse dia a meditar na Paixão de Cristo, no Santo Sepulcro, na Igreja da Agonia e no Jardim das Oliveiras.

A 19 de março, solenidade de São José, foram a Belém, e D. Álvaro celebrou Missa na Igreja da Natividade. Nesse dia, teve uma tertúlia com um grupo de membros da Obra, cooperadores e amigos, onde observou: «É incrível. Estar na Terra Santa, [...] onde Jesus nasceu e morreu, onde passou a maior parte da sua existência terrena, vivendo uma vida oculta, sem ruído, trabalhando como um carpinteiro pobre».

Uma das pessoas que assistiram a essa tertúlia era um policial de outro país, que se encontrava em Israel a receber formação antiterrorismo; não tinha grande opinião da Igreja nem dos sacerdotes, e aceitara o convite para estar presente naquela tertúlia sobretudo por uma questão de curiosidade. Mas os comentários de D. Álvaro e a simplicidade com que falou comoveram profundamente esse homem, que sofreu uma conversão profunda e mudou por completo de vida.

A 20 de março, D. Álvaro foi a Betânia, a casa de Marta, Maria e Lázaro, e também a Ein Karem, onde viveu Santa Isabel, a prima de Nossa Senhora, e onde Maria a foi visitar. Também passou algum tempo a conhecer possíveis locais para futuros centros em Jerusalém, bem como um possível local de construção de uma casa de convívios e retiros fora da cidade. À tarde, fez a meditação na Igreja da Flagelação.

Como costumava fazer quando viajava, arranjou tempo para escrever postais aos amigos, entre os quais a família Castelli. De Nazaré, enviou postais aos vigários de todo o mundo, com uma imagem da Gruta da Anunciação e a seguinte mensagem: «*Ave Maria, gratia plena, Dominus tecum*» («Ave Maria, cheia de graça, o Senhor é convosco»). Neste local sagrado, rezamos por ti de maneira muito especial. O teu Padre, que te abraça e te abençoa».

Na tarde desse dia — o último dia completo que passaram na Terra Santa —, D. Álvaro avistou-se com um grupo de estudantes que frequentavam vários centros do Opus Dei nos Estados Unidos e que tinham ido em peregrinação à Terra Santa antes de participarem no congresso UNIV, o qual teria lugar em Roma alguns dias depois; pediu-lhes que rezassem muito pelo Papa e um bocadinho por ele, e animou-os a serem generosos e a fazerem a vontade de Deus, fosse ela qual fosse para cada um deles. Depois dessa tertúlia, um desses jovens comentou: «Tenho a sensação de que conheci um santo».

A viagem terminou a 22 de março, com Missa na Igreja do Cenáculo, que D. Álvaro ofereceu, como sempre fazia, pelo Papa e pelas suas intenções. D. Javier Echevarría recordaria posteriormente: «Impressionou-me a devoção com que se paramentou. Percebia-se que estava especialmente recolhido e profundamente comovido. [...] Celebrou com grande piedade. Via-se que estava cansado, devido à fadiga física, mas talvez também pela emoção de se encontrar num local tão sagrado. Posso assegurar-vos de que viveu esses momentos com grande intensidade, com uma verdadeira loucura de amor».

No aeroporto, a despeito do cansaço que obviamente sentia, mostrou-se, como sempre, sereno, paciente e bem-humorado durante a entrevista com as autoridades, que foi, como é habitual, bastante longa. A bordo do avião privado que um cooperador italiano tinha posto à sua disposição para aquela viagem, conversou com os membros da tripulação; e, quando soube que o copiloto estava noivo, pediu-lhe para ver uma fotografia da noiva. Ao chegar, tinha várias famílias à sua espera no aeroporto; deram-lhe um ramo de flores, e D. Álvaro disse imediatamente que ia oferecê-las à Santíssima Virgem. Quando chegou a Villa Tevere, cumprimentou rapidamente os membros do Conselho Geral e da Assessoria Central, comeu uma refeição ligeira, fez o exame de consciência e foi-se deitar.

A morte

Às 3:10 da manhã do dia 23 de março, sentiu uma dor aguda. Chamou D. Javier Echevarría e disse-lhe em tom sereno: «Sinto o coração descontrolado». O médico apareceu rapidamente e, apercebendo-se de que a situação era muito grave, disse-lho. D. Álvaro não perdeu a calma nem o bom humor, e até brincou com o médico por causa do roupão que ele trazia vestido. D. Javier Echevarría deu-lhe a absolvição sacramental e administrou-lhe a Unção dos Enfermos. O médico fez o que pôde, mas em vão, e às 4:00 horas da manhã declarou que D. Álvaro tinha morrido.

Às 6:30, D. Javier Echevarría telefonou ao secretário do Papa e pediu-lhe que informasse Sua Santidade de que D. Álvaro morrera. João Paulo II replicou que ofereceria a Missa que ia celebrar pelo eterno descanso da sua alma; nesse mesmo dia, enviou uma mensagem de condolências, em que se referiu à «sua vida cheia de zelo sacerdotal e episcopal, ao seu constante exemplo de fortaleza e confiança na Providência Divina, à sua fidelidade à Sede de Pedro e ao seu generoso serviço eclesial como colaborador mais próximo e digno sucessor do Beato Josemaria Escrivá».

D. Álvaro escreveu certa vez a propósito da morte: «Quando dermos o grande salto, Deus estará à nossa espera, para nos dar um grande abraço e nos permitir contemplar o seu rosto para todo o sempre. E como o nosso Deus é infinitamente maravilhoso, descobriremos novas maravilhas por toda a eternidade. Ficaremos cheios sem ficarmos saciados. Nunca nos cansaremos de saborear a sua doçura infinita». Presume-se que tenha sido o que lhe aconteceu e continua a acontecer.

Num postal enviado da Terra Santa, D. Álvaro pediu ao secretário de João Paulo II que «apresente ao Santo Padre o nosso desejo de sermos *fideles usque ad mortem* [«fiéis até à morte»] ao serviço da Santa Igreja e do Santo Padre». E D. Álvaro foi verdadeiramente fiel até à morte.

Epílogo

Em janeiro de 2004, a pedido do prelado do Opus Dei, D. Javier Echevarría, e do vigário de Roma, o cardeal Ruini, a Congregação para as Causas dos Santos autorizou a abertura do processo de beatificação e canonização de D. Álvaro del Portillo. A diocese de Roma e a prelazia do Opus Dei constituíram tribunais para ouvirem depoimentos sobre a sua vida; os dois tribunais recolheram depoimentos de 168 testemunhas, entre as quais 30 cardeais, 18 arcebispos e bispos, quatro sacerdotes e um monge.

* * *

Em fevereiro de 2010, o sacerdote franciscano encarregado da sua redação apresentou um relatório de 2500 páginas (a *positio*), elaborado com base nos depoimentos das testemunhas e numa exaustiva investigação em arquivos. Depois de estudarem o relatório, primeiro os teólogos que são consultores da Congregação para as Causas dos Santos, depois os cardeais e bispos que são membros da mesma congregação concluíram em 2012 que D. Álvaro tinha vivido heroicamente as virtudes. Com base nesse relatório, o Papa Bento XVI autorizou a congregação a promulgar um decreto sobre as virtudes heroicas de D. Álvaro del Portillo.

Entretanto, a congregação estudava também uma cura milagrosa atribuída à sua intercessão. Em agosto de 2003, alguns dias depois de ter nascido, um rapazinho chileno chamado José Ignacio foi sujeito a uma cirurgia devido a uma hérnia intestinal. No decurso dessa operação, o cirurgião descobriu que o rapaz também tinha um problema cardíaco grave, que se procurou tratar mediante uma intervenção cirúrgica dois dias depois. Esta operação correu bem, mas alguns dias depois a criança entrou em parada cardíaca e sofreu uma enorme hemorragia. Perante isso, a família começou a rezar intensamente a D. Álvaro. Os médicos tentaram reanimá-lo, mas sem sucesso, e passada mais de meia hora deixaram de tentar e comunicaram à mãe que o filho tinha morrido. Foi então que, de repente, o coração de José Ignacio começou a bater mais depressa e com mais força, e pouco depois passou a funcionar normalmente. Tendo em consideração as circunstâncias, os médicos esperavam que ele ficasse com lesões cerebrais profundas, mas a verdade é que o pequeno não ficou com quaisquer problemas, sendo hoje um rapazinho saudável que leva uma vida perfeitamente normal.

A 5 de julho de 2013, o Papa Francisco assinou um decreto em que reconhecia que a recuperação de José Ignacio era um milagre, operado por intercessão de D. Álvaro. E foi essa constatação que abriu caminho à beatificação de D. Álvaro, ocorrida a 27 de setembro de 2014 em Madri.

Direção geral
Renata Ferlin Sugai

Direção de aquisição
Hugo Langone

Direção editorial
Felipe Denardi

Produção editorial
Juliana Amato
Gabriela Haeitmann
Karine Santos
Ronaldo Vasconcelos

Capa
Karine Santos

Diagramação
Sérgio Ramalho

ESTE LIVRO ACABOU DE SE IMPRIMIR
A 21 DE JANEIRO DE 2025,
EM PAPEL PÓLEN BOLD 70 g/m².